Pettersson und Findus™

Mein Gartenjahr

EDEL KIDS BOOKS

Inhalt

Der Frühling 14

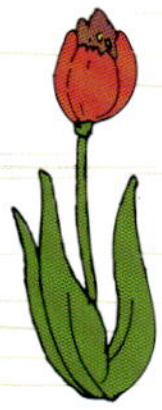

Der Sommer 40

Der Herbst 72

Der Winter 98

Pettersson und Findus

Der alte Pettersson lebt zusammen mit seinem kleinen Kater Findus in einem roten Holzhaus auf dem Land mitten in der Natur. Die beiden sind umgeben von Bäumen und Sträuchern, Blumen und Früchten, Gräsern und Pilzen.

Auf Petterssons Hof gibt es auch einen großen Garten, wo der alte Mann allerlei leckeres Gemüse und Obst anbaut. Dafür muss er Boden umgraben, Beete anlegen, Samen aussäen, Unkraut zupfen und vieles mehr. Und zu jeder der vier Jahreszeiten gibt es unterschiedliche Dinge zu tun, bei denen Findus Pettersson gern über die Schulter schaut.

Am schönsten findet Findus, dass Gärtnern eigentlich überall geht. Für selbst gezogenes Gemüse und Kräuter braucht man nicht viel Platz. Und Findus ist glücklich, wenn es im Grün krabbelt, brummt, summt und zwitschert, denn viele Tiere fühlen sich hier sehr wohl.

Du hast eine freigeräumte Fensterbank, einen Balkon, eine Terrasse oder sogar einen Garten? Dann probiere die vielen Gartentipps aus, die Pettersson und Findus für dich gesammelt haben.

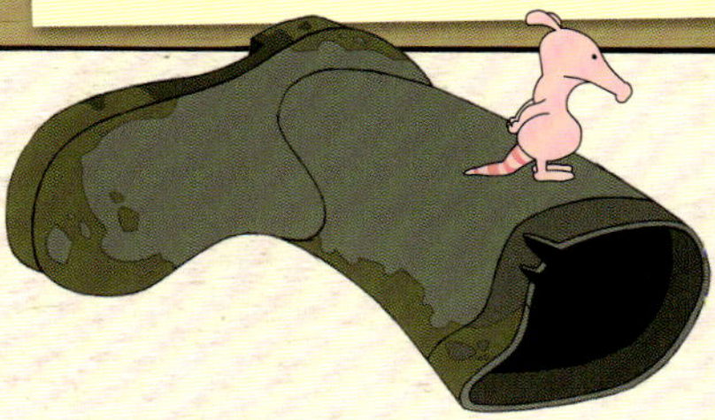

Aber auch wenn du keine große Fläche hast, die du begrünen kannst, gibt es in diesem Buch zahlreiche Spiel- und Bastelideen für alle Jahreszeiten und an allen möglichen Orten in der Natur.

Hast du Lust? Dann ziehe deine Gartenhandschuhe an und lege los!

In diesem Buch findest du viele spannende Pflanzprojekte, dazu aber auch jede Menge Tipps und Informationen rund um Natur und Tiere im Garten.

Die meisten Vorschläge kannst du allein und mit wenigen Materialien ausprobieren. Bei manchen brauchst du die Hilfe von Erwachsenen. Aber gemeinsam gärtnern macht sowieso am allermeisten Spaß!

Das brauchen Pflanzen …

Überall grünt und blüht es. Insekten summen und brummen, Schmetterlinge flattern herum, und in den Zweigen zwitschern Vögel: Findus liebt Petterssons Garten, denn er ist voller Leben. Hier gibt es nicht nur bunte Blumen und hohe Gräser, sondern auch verschiedene Gemüsebeete und uralte Obstbäume. Und damit das so bleibt, kümmert der alte Pettersson sich besonders gut um die vielen Pflanzen.

Pflanzen sind Lebewesen. Damit sie wachsen, brauchen sie, genau wie wir, bestimmte Dinge.

- **Wasser** nehmen sie über die Wurzeln auf. Es wird durch die Pflanze bis zu den Blättern geleitet.
- **Luft**, **Licht** und **Wärme**: Pflanzen nehmen aus der Luft ein Gas auf. Das heißt Kohlendioxid. Zusammen mit Wasser und Sonnenlicht machen sie daraus eine Art Traubenzucker, ihre Nahrung. Dabei entsteht Sauerstoff, den die Pflanzen wieder an die Luft abgeben. Dieser Vorgang nennt sich Fotosynthese.
- **Erde** gibt den Wurzeln Halt und spendet Wasser und Nährstoffe.

Durch Wasser wird in Pflanzenzellen Druck aufgebaut. Die Blätter richten sich auf. Wenn sie hängen, braucht die Pflanze also Wasser.

Mit Dünger wachsen Pflanzen oft besser. Darin sind Nährstoffe, die in der Erde fehlen. Aus Kompost – verfaulten Pflanzen und Lebensmitteln – kannst du Dünger selbst machen. Schau dafür auf Seite 38. Im Gartencenter findest du den richtigen Dünger für deine Pflanzen. Benutze ihn aber nur sparsam.

... und das brauchst du

Der alte Pettersson gräbt gerne in der Erde herum und findet die Gartenarbeit entspannend. Stundenlang kann er kleines Unkraut aus seinen Beeten zupfen. Wenn es Findus beim Zusehen zu langweilig wird, holt er den Gartenschlauch und lässt es regnen ...

Neben der Lust zum Gärtnern und deinen beiden Händen brauchst du nicht viel.

Auf der Fensterbank, auf dem Balkon oder der Terrasse:

- Blumentöpfe oder andere Gefäße zum Bepflanzen
- Blumen- oder Pflanzerde
- Sprühflasche, kleine Gießkanne
- Gartenschere zum Abschneiden von Pflanzenteilen
- alte Gabel zum Lockern von Erde
- kleine Schaufel

Im Garten:

- Schaufel für kleinere Pflanzlöcher
- Spaten für größere Pflanzlöcher
- Gießkanne oder Gartenschlauch mit Wasseranschluss
- Harke zum Lockern des Bodens und zum Laubkehren
- Gartenschere zum Abschneiden von Pflanzenteilen
- Eimer
- Handschuhe schützen deine Hände – vor Schmutz und Kälte, aber auch vor Abschürfungen oder Dornen.

Mache deine Werkzeuge nach dem Gärtnern immer sauber und bewahre sie an einem trockenen Ort auf.

Ziehe zum Gärtnern alte Sachen an, die schmutzig werden oder kaputtgehen dürfen. Ein Hut und Sonnencreme schützen vor Sonnenstrahlen.

Wenn deine Fensterbank zu klein ist für mehrere Töpfchen, die du gern bepflanzen möchtest, baue dir eine Pflanzenschaukel.

Du brauchst:

- Holzkiste (etwa 15 cm hoch, 20 cm breit, 30 cm lang)
- Seil oder dicke Sisalschnur
- Haken an der Decke oder in der Fensterbank

So geht's:

1. Stelle deine Pflanztöpfchen in die Kiste.
2. Verknote an jeder Ecke der Kiste je ein Seil am Holz.
3. Fasse die Seile oben zusammen und verknote sie miteinander.
4. Bitte eine erwachsene Person, deine Pflanzschaukel an der Decke oder im Fenster zu befestigen.

Das Gartenjahr und der Pflanzenkalender

Findus weiß, dass er im Juli nicht Skifahren kann – denn ein Jahr hat vier Jahreszeiten, und zu jeder Jahreszeit ändern sich Wetter und Natur. Es gibt aber noch eine feinere Einteilung: die phänologischen Jahreszeiten. Dieser »Kalender« richtet sich nach der Pflanzenwelt.

Damit Pflanzen und Garten gut versorgt sind, fallen in den Jahreszeiten unterschiedliche Aufgaben an. Sie richten sich nicht nach einem bestimmten Datum, sondern können sich je nach Wetter auch etwas nach vorn oder nach hinten verschieben.

Im **Februar** und **März** ziehst du Blumen und Gemüse auf der Fensterbank vor (lies dazu Seite 20). Du entfernst den Winterschutz von Pflanzen, gießt sie an Tagen ohne Frost. Erde kannst du lockern und mit Kompost anreichern. Nun ist eine gute Zeit für Nistkästen und Insektenhotels.

Im **April** wachsen Frühblüher – draußen, aber auch auf der Fensterbank. Im Garten werden erste Gemüsearten und Blumen ausgesät, allerdings kann es noch mal kalt werden. Vorgezogene Pflanzen müssen in größere Töpfe. Vergiss nicht, die Vögel zu füttern.

Ab Mitte **Mai** wird ausgesät, Pflanzen werden ins Freie gesetzt. Nun solltest du draußen regelmäßig gießen und düngen. Auf der Fensterbank achte darauf, dass nicht zu viel Mittagssonne auf deine Pflanzen fällt.

Im **Juni**, **Juli** und **August** wird richtig viel geerntet. Die Blumen blühen kunterbunt. Achte auf regelmäßiges Gießen und darauf, dass Tiere bei Hitze genug Wasser haben.

Im **September** und **Oktober** erntest du Äpfel, Birnen, Himbeeren, Walnüsse und vieles mehr. Neue Bäume werden nun gepflanzt. Blumensamen kannst du sammeln und im nächsten Jahr wieder aussäen. Gieße weiterhin regelmäßig.

November, **Dezember** und **Januar** sind eine gute Zeit, um alles winterfest zu machen. Verblühte Blumen und Gräser im Garten nicht abschneiden: Dazwischen suchen Kleintiere über den Winter Schutz!

Der Frühling

Der Frühling

Zum Frühling gehören die Monate **März**, **April** und **Mai**.

Im Frühling schmilzt der Schnee, und es wird schon hell, wenn Findus aufwacht. Nicht nur der kleine Kater flitzt als Erstes morgens nach draußen – die gesamte Natur erwacht zu neuem Leben: Blumen strecken vorsichtig ihre Köpfchen aus der Erde, die Vögel zwitschern, und die Wiesen werden grün.

Für **Pflanzen** ist der Frühling die Zeit zum Wachsen, denn nun bekommen sie viel Sonnenlicht ab, das sie in Energie umwandeln, und an Wasser mangelt es auch nicht. Die Insekten bestäuben die Blüten der Blumen, und manche Pflanzensamen werden durch Vögel verteilt.

Der Frühling ist auch für die Tiere eine ganz besondere Zeit: Die **Rotkehlchen** singen, die **Schwalben** kehren aus dem Süden zurück, die ersten **Schmetterlinge** flattern herum. Und es werden viele Tierbabys geboren. Mehr darüber liest du auf Seite 22.

Blumenzwiebeln bekommst du im Gartencenter oder Baumarkt. Auf der Verpackung steht, wann du was tun solltest. In Blumenerde bekommen sie ausreichend Nährstoffe, sodass die Blumen wunderbar ins neue Gartenjahr starten können.

Im März bringt das Wetter Kater Findus manchmal durcheinander. An einigen Tagen ist es so warm, dass er keine Mütze braucht, an anderen eisig kalt, und es kann sogar schneien. Im April macht das Wetter, was es will: Hagel und Wind, Sonnenschein und Regen wechseln sich ab.

Im Mai sitzen Pettersson und Findus oft draußen in der Sonne. Doch dann kommen die **Eisheiligen**: Das sind einige Tage im Mai, an denen es noch mal richtig kalt wird und durch Nachtfrost Pflanzen erfrieren. Deshalb pflanzt du Blumen und Gewächse am besten erst danach.

Am letzten Sonntag im März beginnt die **Sommerzeit**. Die Uhr wird nachts um eine Stunde vorgestellt, damit weniger Beleuchtung nötig ist – schließlich ist es morgens schon heller. So wird weniger Strom verbraucht. Die Sommerzeit endet am letzten Sonntag im Oktober. Dann gilt wieder die Winterzeit – bis zum März im nächsten Jahr.

Die ersten Blumen: Frühblüher

Findus freut sich: Endlich ist der lange, dunkle Winter vorbei, und der Frühling ist da! Wenn der kleine Kater durch die Natur streift, entdeckt er Knospen an den Bäumen. Und in Petterssons Garten sind überall bunte Tupfer – die Schneeglöckchen, Krokusse und Osterglocken blühen.

Die Pflanzen, die als Erste im Jahr Laub und Blüten haben, heißen **Frühblüher**. Die meisten Blumen, die zu den Frühblühern gehören, sind **Zwiebelblumen**. Die Zwiebel, die unter der Erde steckt, ist voller Nährstoffe. So bildet sich schon im Winter ein **Pflanzenkeim**. Blumenzwiebeln pflanzt du also am besten im Herbst ein, damit du im Frühjahr Blümchen auf dem Rasen oder im Beet hast.

Pflanze deine eigenen Frühblüher!

Du brauchst:

- Blumenzwiebeln, z. B. von Krokussen, Osterglocken, Tulpen, Schneeglöckchen
- kleine Schaufel
- Beet oder Rasenstück

So geht's:

1. Suche einen möglichst hellen und sonnigen Standort.
2. Lockere den Boden ein wenig auf und setze die Zwiebeln hinein. Auf der Verpackung steht, wie tief die Zwiebel in die Erde muss.
3. Bedecke die Zwiebel gut mit Erde und gieße.
4. Achte darauf, dass der Boden nicht austrocknet. Anfang bis Mitte März schauen deine Blumen aus der Erde heraus!

Im Wald blühen im Frühjahr am Boden **Buschwindröschen**, **Veilchen** und **Bärlauch**, da die meisten Laubbäume noch kahl sind und sie das Sonnenlicht, das auf die Erde fällt, noch nicht mit ihrem grünen Blätterdach abschirmen. So bekommen die Blumen anders als im Sommer genug Licht ab.

Auch auf der Fensterbank sind Frühblüher toll! Kaufe einfach **vorgetriebene Blumenzwiebeln**. Achte darauf, dass sie trocken und fest sind und eine glatte Haut haben. Ein bisschen Blumenerde in ein leeres Marmeladenglas oder Blumentöpfchen, die Zwiebel vorsichtig hineinsetzen und mit Erde bedecken – fertig. Die nächsten Tage musst du ein wenig gießen, dann werden deine Blumen schnell blühen.

Anzuchttöpfchen

Die kleinen Mucklas in Petterssons Haus sind für jeden Spaß zu haben. Ob man wohl wächst, wenn man sich Wasser über den Kopf schüttet? Quatsch! Bei Pflanzensamen hingegen ist das etwas ganz anderes.

Wenn du aus Samen Pflanzen ziehen möchtest, kommen sie nicht gleich in die Gartenerde. Dort können die kleinen, zarten Pflänzchen dem Wetter nicht trotzen, leicht zertreten oder von Tieren gefressen werden. In einem Anzuchttopf ist eine Pflanze geschützt, bis sie größer und kräftiger ist. Das nennt man **Vorziehen**.

Pflanzen vorziehen

Du brauchst:

- Eierkartons aus Pappe
- Schere
- Blumenerde (oder Anzuchterde)
- Pflanzensamen
- Sprühflasche
- Wasser

So geht's:

1. Schneide die Eierkartons auseinander, sodass du zwei Hälften hast, in die du verschiedene Samenarten pflanzen kannst.
2. Fülle die einzelnen Eier-Förmchen bis zum Rand mit Erde.
3. Gib Samen auf die Erde und drücke die Samen leicht an. Wie viele Samen pro Pflanze in ein Förmchen passen, steht auf dem Samentütchen. Es kommt darauf an, wie viel Platz die Pflanze beim Wachsen braucht.
4. Besprühe die einzelnen Förmchen mit ein bisschen Wasser aus der Sprühflasche und sorge dafür, dass die Erde feucht bleibt. Schon nach wenigen Tagen sprießen die ersten grünen Blättchen aus der Erde!

Anzuchttöpfe aus Eierkartons kosten kein Geld. Du vermeidest Plastik und benutzt vorhandenes Material aus dem Haushalt.

Mit diesen Töpfchen ziehst du prima Salatsamen: Sie keimen und wachsen schnell. Wenn sie die zweiten Blattpaare bekommen, können sie ins Gemüsebeet umziehen. Du teilst die einzelnen Mulden des **Eierkartons** und pflanzt sie zusammen mit den jungen Salatpflanzen ein.

Die Insekten werden immer weniger und brauchen unseren Schutz. Zu Hause auf dem Balkon, auf der Terrasse oder im Garten kannst du ein Wildblumenbeet mit Pflanzen anlegen, die die kleinen Tierchen besonders gern mögen. Bienen und Schmetterlinge lieben Glockenblumen, Löwenmäulchen und **Katzenminze**. Auf der Internetseite vom NABU, dem Naturschutzbund Deutschland e.V., findest du ganz viele Tipps und Hinweise zum Pflanzen von Wildblumen.

Tiere im Frühling

Da, ein klitzekleines Kaninchen hoppelt über Petterssons Rasen! Der Frühling ist die Zeit der Tierkinder. Eichhörnchen, Rehkitze, Lämmer, Entenküken und viele andere Tierbabys werden geboren, die du mit Glück in deiner Umgebung entdecken kannst. Insekten schwirren herum, und bestimmt siehst du die ersten Marienkäfer.

Bis es so weit ist, dass die Tierchen mit ihren Eltern erste Ausflüge unternehmen, dauert es bei manchen eine Weile. Hasen, Kaninchen, Vögel, Mäuse und Hamster, aber auch größere Tiere wie Bären und Wölfe sind in den ersten Wochen ihres Lebens teilweise blind, taub, nackt und hilflos. Sie bleiben in einem sicheren Bau, einer Höhle oder einem Nest, wo sie von ihren Eltern versorgt werden. Deshalb heißen sie **Nesthocker**.

Andere Tierkinder wie Lämmer, Fohlen, Kälber und Rehkitze kommen auf der Weide oder im Gebüsch zur Welt. Sie heißen **Nestflüchter** – denn sie können schnell aufstehen, laufen und notfalls auch fliehen. Diese Tiere sind nämlich weniger geschützt und haben viele Feinde, wenn sie nicht in einem Stall oder einem Gehege leben.

Nicht nur Vögel, sondern auch Fische, Reptilien, die meisten Amphibien, Insekten und Weichtiere schlüpfen aus Eiern. Der **Eidotter** versorgt die Jungtiere im Innern mit Nährstoffen, und die Schale schützt sie vor der Außenwelt.

Warum bekommen so viele Tiere ihre Kinder im Frühling? Ganz einfach: Auch die Natur wird lebendig. Die Tage sind wärmer und länger, die Bäume werden grün, und es gibt mehr Futter für die Kleinen. Sie fressen und wachsen über den Sommer und sammeln Kraft, um den ersten Winter in ihrem Leben gut zu überstehen.

Jedes Jahr verlassen **Kröten** im Frühjahr ihr Zuhause am Wasser: Sie gehen auf Wanderung und legen weite Strecken zurück. Denn die weiblichen Tiere kehren zum Eierablegen zu dem Ort zurück, an dem sie selbst geschlüpft sind. Den Weg dorthin finden sie mit ihrem Instinkt, der für sie wie ein eingebautes Navigationsgerät ist. Auch Mond, Sterne, Gerüche und Geräusche weisen ihnen die Richtung.

Vielleicht hast du die Warnschilder mit der Kröte darauf schon mal gesehen. Viele Kröten müssen über Straßen krabbeln, auf denen viel Verkehr ist. Deshalb stellen Tierschützerinnen und Tierschützer Warnschilder auf, bauen kleine Zäune und graben an Durchschlupflöchern Eimer in die Erde: Die Kröte plumpst hinein und wird am nächsten Tag sicher über die Straße getragen.

Das erste Obst und Gemüse

Der Frühling ist da, und endlich sind die ersten Obst- und Gemüsesorten in Petterssons Garten reif. Es sind zwar noch nicht viele, aber dafür schmecken sie Findus und dem alten Mann ganz besonders gut!

Magst du **Kohlrabi**? Er enthält viele wichtige Nährstoffe und ist supergesund. Der alte Pettersson isst das Gemüse am liebsten roh, denn ungekochter Kohlrabi verursacht im Gegensatz zu manch anderem Kohlgemüse kein Magengrummeln.

Blattspinat wird auf unseren Feldern von März bis Mai geerntet. Oft wird er direkt schockgefrostet – das bedeutet, dass Lebensmittel blitzschnell eingefroren werden. So bleiben alle Nährstoffe im Gemüse enthalten. Und der Spinat landet in den Tiefkühltruhen im Supermarkt.

Findus liebt **Erdbeeren**, deshalb gibt es sie immer auf der berühmten Pfannkuchentorte, die der kleine Kater zum Geburtstag bekommt. Und jedes Mal freut Findus sich besonders über die roten Früchte – die eigentlich gar keine Früchte sind. Die kleinen Kerne außen auf der Erdbeere sind gelbe Nüsschen. Erdbeeren wachsen fast überall auf der Erde, und es gibt viele verschiedene Sorten.

Weißen **Spargel** gibt es nur im Frühjahr. Das Gemüse ist sehr edel und besonders gesund. Viele Menschen lieben Spargel über alles, andere mögen die langen Stangen überhaupt nicht.

Klein, rund, rot, innen weiß und manchmal ein bisschen scharf: **Radieschen** sind das erste Gemüse, das man ernten kann. Sie sind leicht zu säen, wachsen schnell, benötigen kaum Pflege und reifen in wenigen Wochen. Probier's mal aus!

Radieschen können gut vorgezogen werden. Nutze dafür die Anzuchttöpfchen von Seite 20.

Radieschen anbauen

Du brauchst:

- Bio-Radieschensamen aus dem Gartencenter
- Gemüsebeet oder Pflanzkasten
- Erde
- Gemüseerde
- kleine Schaufel oder Löffel

So geht's:

1. Lockere den Boden (im Pflanzkasten fülle Erde ein) und mische etwas Gemüseerde darunter.
2. Ziehe mit einer Schaufel oder einem Löffel in der Erde längliche Vertiefungen, sogenannte Saatrillen.
3. Beim Säen (ungefähr einen Zentimeter tief) achte darauf, dass die Samen nicht zu dicht aneinanderliegen: Sie brauchen etwa fünf Zentimeter Abstand, die einzelnen Saatreihen etwa zehn Zentimeter.
4. Bedecke die Samen leicht mit Erde.
5. Mit Kompost oder speziellem Gemüsedünger reicherst du die Erde mit Nährstoffen an.
6. Nun die Radieschen regelmäßig gießen, denn sonst werden sie scharf und holzig. Die Erde darf feucht sein, aber nicht nass.
7. Nach etwa sechs Wochen erntest du die ersten Radieschen! Lockere dafür die Erde auf und ziehe die Radieschen an den Blättern vorsichtig heraus.

Am besten wachsen Radieschen in einem lockeren, leicht feuchten Boden an einem sonnigen Standort.

Findus' Vogeluhr und Petterssons Nistkasten

Im Frühling wird Findus schon früh vom Zwitschern der Vögel geweckt, denn jetzt kommen sie alle aus ihren Winterquartieren in wärmeren Ländern zurück.

Kannst du beim morgendlichen Vogelkonzert die unterschiedlichen Gesänge erkennen? Auf der **Vogeluhr** liest du ab, wie viele Minuten vor Sonnenaufgang welcher Vogel zu zwitschern beginnt.

Sonnenaufgang
5:30 Uhr

* Minuten vor Sonnenaufgang

Die Hälfte unserer etwa 250 heimischen Vogelarten sind **Zugvögel**, die im wärmeren Süden von Europa oder in Afrika überwintern. Weißstorch, Nachtigall, Kuckuck oder Küstenseeschwalbe – sie alle sind Langstreckenflieger und legen pro Tag mehrere hundert Kilometer auf ihren Zugrouten zurück. Amseln, Meisen, Buchfinken oder auch Eichelhäher hingegen bleiben das ganze Jahr bei uns.

Vielen Vögeln gehen im Frühjahr die Brutplätze aus. Außerdem brüten zahlreiche Arten in fast geschlossenen Nisthöhlen. Weil natürliche kleine Höhlen immer seltener werden, hilfst du Meisen, Staren und Rotschwänzchen mit einem **Nistkasten**. Bringe ihn spätestens im Februar an, denn dann suchen die Vögel nach geeigneten Brutplätzen.

Einen Nistkasten anbringen

Du brauchst:

- Nistkasten aus dem Baumarkt oder Gartencenter (Oder du baust mit der Hilfe eines Erwachsenen selbst einen – beim Tierschutzbund NABU könnt ihr euch im Internetshop eine Anleitung herunterladen.)
- Baumstamm, Ast, glatte Hauswand, Balkon, Schuppen
- Werkzeug zum Aufhängen

So geht's:

1. Lies mit einem Erwachsenen die Anleitung des Kastens durch. Sägt und hämmert nur gemeinsam.
2. Suche einen geeigneten Platz in etwa 3 Metern Höhe, damit der Nistkasten vor Mardern und Katzen sicher ist.
3. Der Platz sollte im Schatten oder Halbschatten und nicht in der prallen Sonne sein.
4. Das Einflugloch musst du nach Osten ausrichten, denn aus der Westrichtung kommen meist Sturm und Regen. So sind die Vögel vor unbeständigem Wetter geschützt.
5. Hänge den Kasten so auf, dass er ein wenig nach vorn geneigt ist. Regen kann dann ablaufen, und das Vogelnest wird nicht nass. Fertig! Nun musst du nur auf die neuen Bewohner warten.

Ostern mit Prillan

Das Huhn Prillan und ihre Freundinnen legen regelmäßig Eier. An Ostern werden Hühnereier eingefärbt, bunt bemalt und dann versteckt. Vielleicht entdeckt Findus auch welche in Petterssons Garten.

Warum sind **Ostereier** eigentlich bunt? Eine Geschichte erzählt, dass die Menschen früher in der Fastenzeit – das sind 46 Tage vor Ostern, an denen man weniger isst und auf Sachen verzichtet – weniger Eier verzehrt haben. Die Hühner haben aber weiter Eier gelegt. Diese wurden aufgehoben. Und damit man wusste, wie alt sie sind, wurden die Eier in unterschiedlichen Farben angemalt.

Ostern ist das älteste christliche Fest. Es steht für neues Leben. Die Christen feiern die Auferstehung von Jesus, der zuvor für die Menschen gestorben ist. Das gilt als das Osterwunder.

Prillans bunter Osterstrauß

Du brauchst:

- Zweige
- Vase
- Eier
- Glas
- Stecknadel/ Eierpikser
- Holzstäbchen aus der Küche
- Bindfäden
- Streichhölzer
- Wasserfarben, Lackstifte, Eierfarben, Aufkleber – alles, was dir zum Verzieren einfällt

So geht's:

1. Stelle die Zweige in eine Vase mit Wasser.
2. Pikse oben und unten mit Stecknadel oder Eierpikser vorsichtig ein Loch in die Eier. Halte ein Ei über das Glas, lege deine Lippen über eins der Löcher und puste. Eigelb und Eiweiß laufen heraus. Die Löcher in den Eiern musst du mit der Stecknadel vorsichtig etwas größer machen. Und nicht zu doll pusten – das Ei kann schnell zerbrechen!
3. Mache das mit allen Eiern, die du verzieren willst. Aus Eigelb und Eiweiß kannst du später Rühreier machen oder einen Kuchen backen.
4. Stecke die Eierschalen auf Holzstäbchen. Nun kannst du sie anmalen und verzieren. Lass sie danach gut trocknen.
5. Knote einen Faden um ein abgebrochenes Streichholz und schiebe es vorsichtig oben ins Eierloch. Nun hänge die Eier in den Osterstrauß.

Iss Eier niemals roh! Es könnten Bakterien, sogenannte Salmonellen, in den Eiern sein.

Petterssons Kräuterbeet

Gärtnern geht überall, und für ein kleines Kräuterbeet braucht man nicht viel Platz. Deshalb hat Pettersson in seiner Küche ein Fensterbrett leergeräumt und dort die Kräutertöpfchen hingestellt.

Wo wachsen welche Kräuter?

- Rosmarin, Thymian und Salbei mögen ein sonniges Plätzchen mit leicht trockenem Boden.
- Im Halbschatten wachsen Petersilie, Schnittlauch und Basilikum.
- Auf der Fensterbank mit viel Licht fühlen sich Dill, Kresse und Oregano wohl.

Minze und Melisse kannst du überall pflanzen.

Eigene Kräuter pflanzen

Egal ob im sonnigen Garten oder auf dem Balkon, der Terrasse oder in einer bunt bemalten Kiste auf der Fensterbank: Das Essen schmeckt viel besser, wenn du es mit deinen eigenen Kräutern verfeinerst.

Du brauchst:

- Töpfchen mit Kräutern (aus der Gärtnerei, dem Baumarkt oder dem Gartencenter)
- Wanne mit Wasser
- Erde
- Töpfe oder Kiste mit Ablauflöchern

So geht's:

1. Stelle die Kräuter in ihrem Topf für eine Stunde ins Wasser. Am besten in eine große Schüssel oder Wanne, damit die Erde sich gut vollsaugen kann.
2. Wenn die Kräuter in ein Gartenbeet sollen, dann buddele das Loch so tief, dass die Wurzeln nach dem Einpflanzen mit Erde bedeckt sind.
3. Beim Einpflanzen in einen Balkonkasten oder Blumentopf achte auf Ablauflöcher – sonst staut sich das Wasser, und die Pflanze ertrinkt.
4. Bedecke die eingepflanzten Kräuter bis zu den Blättern mit Erde und wässere alles noch einmal.

Anna Anderssons Minzlimo

Anna Andersson macht die beste Minzlimo im Dorf – supererfrischend und sehr lecker!

Du brauchst:

- 2 Stängel frische Minze
- 2 Bio-Zitronen
- Bio-Limetten
- Saftpresse
- Karaffe
- 3 EL braunen Zucker
- 1,5 Liter Sprudelwasser
- Eiswürfel

So geht's:

1. Wasche die Minze, die Zitronen und die Limetten.
2. Presse die Früchte aus und gieße den Saft in eine Karaffe.
3. Gib den Zucker zu dem Fruchtsaft und verrühre alles.
4. Gieße mit dem Sprudelwasser auf und gib die Minze hinein.
5. Die Limonade ziehen lassen, dann die Eiswürfel rein – fertig!

Heimische Kräuter haben den Vorteil, dass sie winterhart sind und auch in ungünstigen Lagen gut wachsen. Wenn du ein Beet anlegst, solltest du die Kräuter nach ihrer Wuchshöhe anordnen, damit die Gewächse in der ersten Reihe die dahinter liegenden Pflanzen nicht in den Schatten stellen.

- In den Hintergrund: Liebstöckel, Fenchel, Kümmel
- In die Mitte: Melisse, Koriander, Estragon, Majoran und Ringelblume
- An den Beetrand: Petersilie und Schnittlauch

Stelle deine Kräuter nicht direkt über die Heizung, das mögen sie nicht.

Spiel- und Bastelspaß im Frühling

Ob in Petterssons Garten, im Wald oder bei einem Spaziergang über die Wiese: Findus entdeckt überall ein grünes Plätzchen zum Spielen. Und der Frühling ist eine besonders tolle Zeit zum Herumtoben an der frischen Luft.

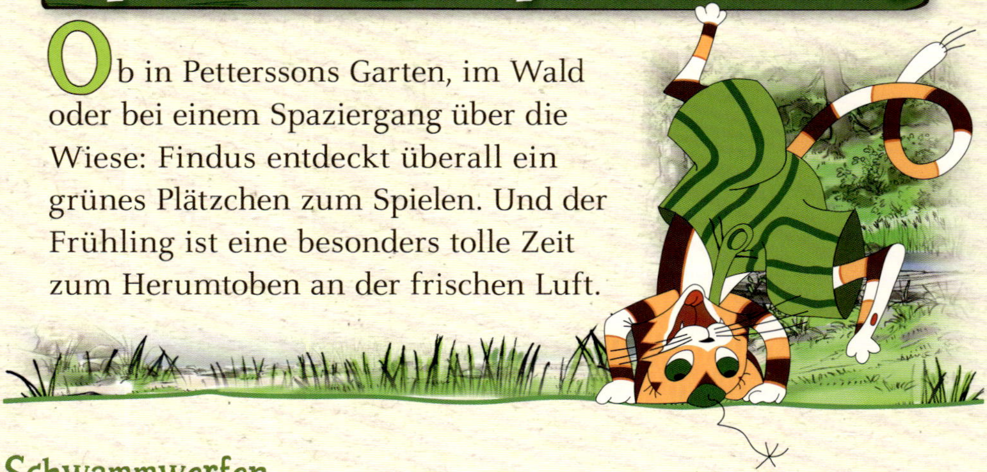

Schwammwerfen

Du brauchst:

- 4–5 Wurfziele, z.B. leere Plastikflaschen, Unterteller oder Ähnliches
- Schwamm
- Seil
- Mitspielerinnen und Mitspieler

So geht's:

1. Dieses Spiel ist so ähnlich wie Dosenwerfen. Stellt die Wurfziele ein Stück voneinander entfernt auf und überlegt euch eine Startlinie, die ihr mit dem Seil markiert.
2. Macht den Schwamm nass.
3. Von der Startlinie muss nun jedes Kind mindestens eins der Wurfziele mit dem nassen Schwamm treffen. Wer kann alle Flaschen umwerfen oder die Teller treffen?

Spinnenlauf

So geht's:

1. In einer bestimmten Entfernung werden die Wendepunkte aufgestellt.
2. Ihr stellt euch rücklings auf Hände und Füße, also in Spinnenhaltung. Die ersten zwei Kinder gehen in Startposition an der Startlinie.
3. Nach dem Startkommando rennen die Kinder los und laufen gleichzeitig im Spinnengang um ihren Wendepunkt und dann zurück. Wer ist das schnellste Krabbeltier?

Du brauchst:

- 2 Eimer (oder andere Hindernisse) als Wendepunkte
- Straßenkreide, Klebeband oder Seil zur Markierung der Start- und Ziellinie
- Mitspielerinnen und Mitspieler

Gänseblümchenkranz

Du brauchst:
- langstielige Gänseblümchen
- kurze Schnur

So geht's:

1. Nimm drei Gänseblümchen in die Hand. Wickele den Stiel eines vierten Gänseblümchens um die der drei ersten Gänseblümchen.
2. So machst du immer weiter, legst Blüte für Blüte eng an und wickelst den Stiel um die anderen Stiele.
3. Das wiederholst du, bis der Kranz lang genug ist. Dann die Enden übereinanderlegen und mit einer Schnur zusammenknoten. Fertig ist dein Kranz!

Schmetterling auf Papier

So geht's:

1. Falte das Papier in der Mitte, danach klappe es wieder auf.
2. Zeichne auf eine Hälfte einen halben Schmetterling mit dem Bleistift vor. Das muss nicht genau sein, sondern es ist nur ein Rahmen für die Fläche, die du ausmalst.
3. Male die Hälfte mit Wasserfarbe an. Denk dir Muster und Formen aus.
4. Falte das Papier zusammen, solange die Farbe nass ist. Drücke es einmal gut fest und klappe es dann wieder auf.
5. Fertig ist dein Schmetterling! Jetzt kannst du ihn verzieren, ausschneiden und auf ein anderes farbiges Blatt kleben, wenn du magst.

Du brauchst:
- weißes A3-Zeichenpapier
- Wasserfarbe
- Bleistift
- Pinsel

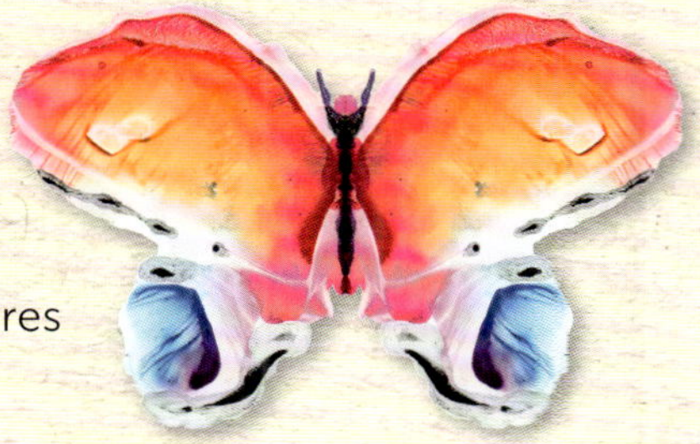

Das Ohrenkneiferhaus

Die kleinen Mucklas auf Petterssons Hof laufen schnell davon, wenn ihnen ein Ohrenkneifer, auch Ohrwurm genannt, begegnet. Dabei kneifen die kleinen Insekten gar nicht in Ohren, sondern sind sehr nützlich. Sie essen nämlich am liebsten Blattläuse.

Der **Ohrenkneifer** wird etwa anderthalb Zentimeter lang und ist rotbraun. An den Zangen am Hinterleib unterscheidest du, wenn du genau hinsiehst, die Geschlechter: Beim Weibchen sind sie schmal wie eine Pinzette, beim Männchen stärker gebogen.

Weil die Ohrwürmer so nützlich sind, verwenden viele Bio-Bauern **Ohrenkneiferhotels**. Sie hängen sie in die Bäume und sorgen so dafür, dass die Blattläuse aufgefuttert werden, bevor sie Schaden anrichten können.

Ein Zuhause für Ohrenkneifer

Die Ohrenkneifer krabbeln durch Wälder, Parks und Gärten oder am liebsten unter Laubhaufen, Steine, Baumrinden und Blumentöpfe. Und jede Nacht verdrücken sie unzählige Schädlinge. Tagsüber verkriechen sie sich an dunkle, kühle Orte. Dafür kannst du ihnen ein Zuhause bauen.

Du brauchst:

- kleinen Blumentopf aus Ton
- Stroh
- wetterfeste Farbe
- Gartenschere
- Draht, etwa 60 cm lang

So geht's:

1. Wasche den Blumentopf aus, wenn er schon einmal benutzt wurde.
2. Wenn du möchtest, male den Topf von außen mit wetterfester Farbe bunt an.
3. Schneide das Stroh mit der Schere so zurecht, dass es etwas höher als der Topf ist, und umwickele es fest mit dem Draht.
4. Schiebe den Draht mit dem Stroh von innen durch das Topfloch, sodass das Stroh im Topf stecken bleibt und der Draht durch das kleine Loch heraushängt. Stopfe etwas Stroh nach, damit nichts herausfällt. Das Stroh kann unten ein bisschen aus dem Topf herausragen. Also lieber etwas mehr nehmen.
5. Den Topf mit der Öffnung nach unten auf den Boden stellen oder in einen Baum hängen. Nun können die Ohrwürmer einziehen.

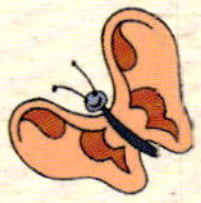

Du solltest nicht zu oft nachsehen, ob Tierchen eingezogen sind. Ohrenkneifer sind scheu und laufen weg, wenn sie sich gestört fühlen. Also besser nur ab und zu vorsichtig nachschauen.

Sonnenblumen

Findus mag die leuchtend gelben Sonnenblumen mit den langen Stängeln. Sie machen nämlich im Garten oder auf dem Balkon richtig gute Laune.

Sonnenblumen solltest du nicht vor Ende April aussäen – du kannst sie aber schon im März vorziehen. Wenn du sie pflanzt, ist das gut für viele Tiere: Die Blumen liefern Hummeln und Bienen wichtigen Pollen und Nektar. Und die Kerne dienen zahlreichen Vögeln als Nahrung.

Sonnenblumen pflanzen

Auch auf dem Fensterbrett kann eine Sonnenblume wachsen, sofern sie viel Licht und Sonne bekommt.

Du brauchst:

- Sonnenblumenkerne
- Erde
- Töpfe oder Balkonkästen
- Wasser
- etwas Kompost

So geht's:

1. Setze zwei bis fünf Sonnenblumenkerne etwa zwei Zentimeter tief in die Erde.
2. Die Kerne sollten in einem Abstand von fünfzig Zentimetern gepflanzt werden, denn sie werden ziemlich groß. In einen Topf pflanzt du also nur einen Kern ein.
3. Pflanze die Kerne an einen Platz, an dem fünf bis sechs Stunden am Tag die Sonne scheint. Sonnenblumen mögen es warm und hell.
4. Gieße deine Pflanzen regelmäßig.

Anzuchttöpfchen basteln

Möchtest du Sonnenblumen vorziehen, nimmst du Klopapierrollen – die Blumen bekommen nämlich lange Wurzeln und haben so mehr Platz. Du stellst die Rollen einfach eng nebeneinander in ein höheres Kästchen. Dann gehst du so vor wie auf Seite 20 beschrieben.

Sonnenblumen aus Papier

So geht's:

1. Male den Pappteller gelb an.
2. Falls du weißes Papier benutzt, male das Papier rot und orange an.
3. Ist die Farbe getrocknet, zeichne mit Lineal und Bleistift Querstreifen im Abstand von etwa 3 cm vor und schneide die Streifen danach ab.
4. Biege die Streifen um und klebe sie in regelmäßigen Abständen von hinten an den Teller. Sie sind deine Blüten.
5. Schneide einen Stängel und Blätter aus. Dann klebe alles auf ein Blatt. Schon leuchtet deine Sonnenblume!

Du brauchst:

- buntes A4-Kartonpapier (oder weißes, und du malst es selbst an)
- Buntstifte, Wachsmaler oder Wasserfarbe
- Pappteller
- Lineal
- Bleistift
- Schere
- Kleber

Kompost und Wurmturm

Küchenabfälle in den Müll? Das kommt für den alten Pettersson nicht infrage. Er sammelt die Abfälle, um daraus Kompost für seine Beete herzustellen. Das ist praktisch, denn so wird der Müll wiederverwertet, und die Pflanzen haben etwas davon. Und sogar ein paar kleine Tierchen …

Alles, was eine Pflanze braucht, bekommt sie aus dem Boden. Aber wird der nicht irgendwann leer, wenn alle sich dort ihre Nahrung herausholen? Zum Glück ist die Natur schlau. Sie macht aus abgestorbenen Pflanzenresten wieder neue Nährstoffe. Alles, was auf die Erde fällt – also Zweige, Äste, Laub, kleine tote Tierchen –, wird von kleinen Lebewesen sofort gefressen. Und das, was diese Lebewesen danach ausscheiden, heißt **Humus**. Das ist krümelige Erde, die besonders nahrhaft für Pflanzen ist. Die natürlichen Abfälle werden also von den kleinen Erdbewohnern wiederverwertet. Das nennt man auch »**recyclen**«.

Mach deinen eigenen Kompost und schau mal im Gartencenter oder im Internet nach einem **Wurmturm**. Das ist eine Art Röhre mit Löchern, die direkt in den Erdboden eingegraben wird. Wenn du Essensreste in den Turm wirfst, kommen die Würmer zu Besuch. Außerdem haben sie – im Gegensatz zu einer Wurmkiste, die es auch zum Herstellen von Kompost gibt – die Möglichkeit, den Turm wieder zu verlassen, und sind nicht gefangen. Das ist gut für die Tiere. Ein Wurmturm ist super, wenn du nur eine kleine Gartenfläche, ein kleines Beet oder ein Hochbeet hast und trotzdem eigenen Kompost machen möchtest.

Das darf auf den Kompost:

- rohe Gemüse- und Obstreste (aber keine Zitrusfrüchte)
- Eierschalen
- verwelkte Blumen oder Kräuter
- gemähter Rasenschnitt (am besten leicht angetrocknet, sonst kann er faulen)
- Tee- und Kaffeesatz
- Laub
- Kot von Haustieren in kleinen Mengen
- Algen aus dem Gartenteich
- Zweige, Äste, Wurzeln und Reste von Sträuchern (das alles wird schneller zu Humus, wenn es vorher kleingeschnitten wird)

Das darf nicht auf den Kompost:

- gekochtes Essen
- Öle, Milch
- Pflanzenreste mit Schimmel
- Asche
- Zitrusfrüchte
- Schnittblumen
- Papier- und Pappabfälle
- Blätter vom Kirschlorbeer (giftig!)

Auch bei dir zu Hause gibt es natürlichen Abfall, den Bio-Müll. Er gehört in die Bio-Tonne, wo er von der Müllabfuhr abgeholt und an die Landwirtschaft weitergegeben wird.

Der Sommer

Der Sommer

Zum Sommer gehören die Monate **Juni**, **Juli** und **August**.

Baden gehen, angeln am See, draußen herumtoben, im hohen Gras liegen und sich die Sonne auf den Bauch scheinen lassen: Deswegen liebst du den Sommer. Alles ist grün, durchmischt von vielen bunten Tupfern, denn zahlreiche Blumen blühen nur jetzt.

Wetterforscher sagen, dass der Sommer am 1. **Juni** beginnt, den **Juli** über andauert und mit dem letzten Tag im **August** endet. Es kann allerdings im Juni manchmal noch richtig kalt werden, wenn die sogenannte **Schafskälte** kommt. Der Name kommt daher, dass die Schafe früher Anfang Juni geschoren wurden. Wenn es dann kalt wurde und in hohen Lagen sogar noch mal geschneit hat, mussten die armen, nackigen Schafe ohne ihre schützende Wolle am Körper frieren.

Der 21. Juni ist mit 16 Sonnenstunden der längste Tag im Jahr. Das ist die **Sommersonnenwende**. In Schweden bei Pettersson und Findus wird es nachts zu dieser Zeit fast gar nicht mehr dunkel. Deshalb feiern die Menschen dort das **Mittsommerfest** – es kann ja eh keiner schlafen, wenn es draußen so hell ist. Danach werden die Tage wieder kürzer.

An warmen Tagen solltest du besonders viel trinken, denn wenn wir schwitzen und dadurch unseren Körper abkühlen, verlieren wir Flüssigkeit. Auch Tiere brauchen nun mehr **Wasser**. Achte darauf, deinen Haustieren an heißen Tagen besonders viel Wasser hinzustellen und es häufig zu wechseln. Durch die Hitze können sich krank machende Keime bilden. Für Vögel und Insekten kannst du Wasserstellen auf dem Balkon oder im Garten aufstellen. Wildtiere wie der Igel freuen sich über eine kleine Schale mit Wasser am Boden.

Im Sommer ist auf dem Balkon und im Garten eine Sache am allerwichtigsten: Du musst sehr regelmäßig **gießen** und schauen, dass Pflanzen, die keine pralle Sonne vertragen, genug Schatten bekommen. Verblühte oder vertrocknete Pflanzen solltest du zurückschneiden, dann bekommen neue Blüten mehr Kraft.

Tiere im Sommer

Puh, ganz schön heiß ... wenn es zu warm wird, macht man es sich lieber im Schatten eines großen Apfelbaums gemütlich. Auch dir ist es bestimmt im Sommer manchmal zu heiß zum Toben auf der Wiese. Zum Glück gibt es Seen, in die man zur Abkühlung hinein springen kann. Aber nicht nur dir ist warm – auch die Tiere schwitzen im Sommer.

Weißt du, warum **Hunde** hecheln? Ganz einfach: Ihnen ist warm. Sie haben im Gegensatz zu uns ein Fell. Und weniger Schweißdrüsen. Deshalb öffnen sie ihr Maul, strecken die Zunge raus und atmen schnell. So kann die Wärme aus ihrem Körper über die Zunge nach draußen abgegeben werden.

Auch **Schweine** hecheln, wenn es heiß ist. Außerdem meiden sie die Sonne, denn ihre empfindliche Haut bekommt schnell einen Sonnenbrand. Besonders gern suhlen sich Schweine zur Abkühlung im Schlamm. Wenn der Schlamm auf ihrer Haut trocknet, entsteht eine Dreckkruste, die lästige Insekten wie Bremsen und Zecken fernhält.

Die **Bienen** fliegen im Sommer geschäftig von Blüte zu Blüte und »summen« besonders laut: Damit es nicht zu heiß wird, lassen die kleinen Insekten ihre Flügel vibrieren. Dadurch entstehen Luftzüge, die den Bienenstock abkühlen.

Reptilien müssen weder hecheln noch summen, denn ihre Körpertemperatur wird von der Sonne reguliert. Nachts kühlt ihr Körper stark ab, morgens heizt ihn die Sonne wieder auf.

Im Sommer singen die **Vögel** draußen nicht mehr ganz so viel. Das liegt daran, dass sie sich von dem anstrengenden Frühling ausruhen. Die meisten Vogelkinder sind flügge, das bedeutet, dass sie allein fliegen und zurechtkommen.

Ob du Vögel im Sommer füttern solltest oder nicht, ist unter Tierschützerinnen und Tierschützern umstritten. Keinesfalls darfst du im Sommer Wintervogelfutter verfüttern, denn es ist zu schwer verdaulich.

Auf gar keinen Fall darfst du **Stadttauben** füttern, auch nicht auf dem Balkon oder im Garten. Je mehr Futter die Taube findet, desto mehr Nachkommen bekommt sie, denn sie brütet das ganze Jahr. Die große Anzahl an Tauben in Städten führt zu Platzproblemen, die Tiere finden keine Nistplätze mehr. Der viele Taubenkot macht den Menschen zu schaffen. Und durch das herumliegende Futter werden Ratten und Mäuse angezogen. Oft ist das Füttern darum sogar verboten.

Die Sonnenuhr

Es sieht wunderschön aus, wenn die Sonne als gelber runder Ball von einem knallblauen Himmel ohne Wolken strahlt. Findus weiß, dass die Sonne ein Stern ist. Und dass sie für uns viel größer aussieht als die Sterne in der Nacht, weil sie uns näher ist.

Die **Sonne** ist das Zentrum unseres Sonnensystems. Um sie herum kreisen die Planeten, die viel kleiner sind – und die nur leuchten, weil sie von der Sonne angestrahlt werden. Unsere Erde ist einer dieser Planeten.

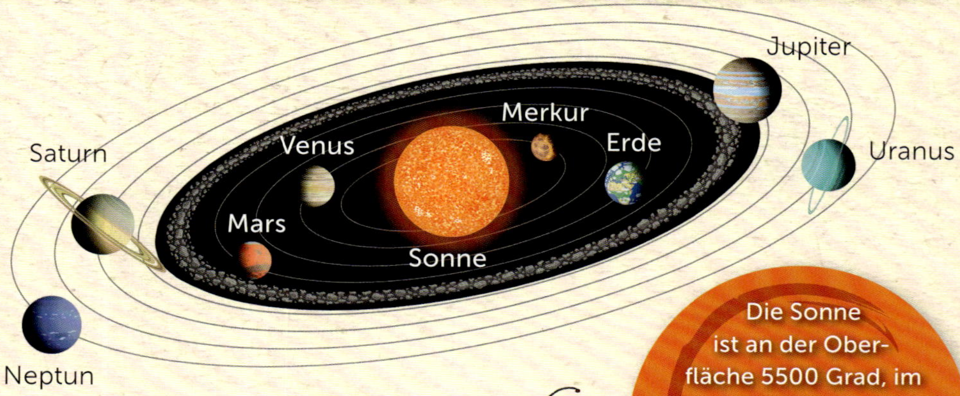

Die Sonne ist an der Oberfläche 5500 Grad, im Kern 15 Millionen Grad heiß. Sie ist so groß, dass die Erde mehr als eine Million Mal hineinpassen würde!

Ohne die Sonne wäre ein Leben auf der Erde nicht möglich. Ohne ihr **Licht** würden keine Pflanzen wachsen. Und ohne Pflanzen und ihre Blätter gäbe es auf der Erde keine **Luft** zum Atmen, denn sie helfen bei der Produktion von Sauerstoff.

Das Sonnenlicht ist für uns und unsere Gesundheit sehr wichtig. Die sogenannten **UV-Strahlen** vom Sonnenlicht können aber für Haut und Augen schädlich sein. Schaue niemals direkt in die Sonne! Du solltest an warmen Tagen luftige Kleidung tragen, die empfindliche Stellen bedeckt, und dich regelmäßig mit Sonnencreme mit einem hohen UV-Schutz eincremen. Eine Cap und eine Sonnenbrille dazu, und du bist gut geschützt, um draußen eine Uhr ohne Batterie zu bauen!

Findus' selbst gebaute Sonnenuhr

Du brauchst:

- einen Pflanzentopf mit breitem Rand
- Sand
- einen langen Stab
- einen wasserfesten Stift
- Zeit und Sonne

So geht's:

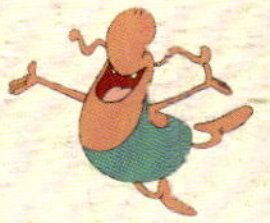

1. Fülle den Sand in den Topf, stecke den Stab senkrecht in die Mitte und platziere den Topf an einem Ort in der Sonne.
2. Zur nächsten vollen Stunde markierst du den Punkt, an dem der Schatten des Stabes über den Rand ragt, und notierst dort die Uhrzeit.
3. Das wiederholst du zu jeder vollen Stunde – so lange, wie du Lust hast und die Zeit auf der Uhr markieren möchtest.
4. Jetzt kannst du die Uhr immer wieder neu platzieren. Dazu musst du sie nur einmal zu einer vollen Stunde ausrichten. Sie wird dir die Zeit richtig anzeigen.

Sommerliches Obst und Gemüse

An heißen Sommertagen schmeckt ein knackiger Salat mit saftigen Tomaten und erfrischenden Gurkenscheiben besonders gut. Welches Gemüse oder Obst isst du im Sommer am liebsten?

Erbsen sind etwa drei Monate nach ihrer Aussaat reif. Bei uns werden sie zwischen Juni und August geerntet. Sie gehören zu den ältesten Nutzpflanzen überhaupt. Schon seit etwa 10 000 Jahren werden Erbsen angebaut. Besonders lecker sind Zuckererbsen, bei denen du die Schale mitessen kannst. Die kleinen Bällchen sind nicht nur gesund, sondern auch umweltfreundlich, da sie in Deutschland angebaut werden können und nicht aus dem Ausland in unsere Supermärkte transportiert werden müssen.

Gib etwas Zucker ins Kochwasser, dann behalten Erbsen ihre knallig grüne Farbe!

Auch wenn sie nicht unbedingt so aussieht: Die **Gurke** gehört zu den Kürbisgewächsen. Es gibt nicht nur grüne Gurken, sondern auch orangefarbene, gelbe oder weiße. Die Gurke, die bei uns am häufigsten vorkommt, heißt Schlangengurke. An einem heißen Sommertag sind Gurken unglaublich erfrischend.

Die **Paprika** ist eine Vitaminbombe. Sie enthält viel Vitamin A, B und C. Und auch sonst ist sie supergesund. Geerntet wird sie ab Ende Juli. Wusstest du, dass die scharfen Peperoni und die noch schärferen Chilis auch Paprikasorten sind? Sie enthalten einen sehr scharfen Inhaltsstoff, der in der Medizin gegen Schmerzen benutzt wird.

Du kennst sie vielleicht als Marille oder Malete: Im Juli und August sind die **Aprikosen** reif. Die Frucht mit der samtigen Schale kommt vermutlich aus China und wurde dort schon vor viertausend Jahren angebaut. Aprikosen wachsen dort, wo es mild und sonnig ist. Am besten schmecken sie ganz frisch.

Wenn du Aprikosen aufbewahrst, dann nur für wenige Tage an einem dunklen, kühlen Ort.

Einiges, was wir im Supermarkt kaufen, wird im Anbau mit Giftstoffen, sogenannten Pestiziden, behandelt. Das machen die Landwirtinnen und Landwirte, um Schädlinge abzutöten. Deshalb solltest du Obst und Gemüse vor dem Essen immer gut waschen. Am besten kaufst du Lebensmittel, wenn es geht, aus ökologischer Landwirtschaft in deiner Nähe. Dort werden weniger Dünger und Pestizide eingesetzt. Und der Weg vom Hof bis zu dir ist nicht so weit.

Buschbohnen

Der alte Pettersson hat jedes Jahr Bohnen in seinem Gemüsebeet. Die dichten Bohnenranken sind nämlich ziemlich einfach anzubauen, und man kann ihnen wunderbar beim Wachsen zusehen – das geht sogar auf dem Balkon.

Buschbohnen pflanzen

Du brauchst:

- Buschbohnensamen aus der Gärtnerei oder dem Baumarkt (am besten in Bio-Qualität)
- ein Beet mit einem lockeren Boden in der Sonne oder im Halbschatten
- Auf dem Balkon: tiefe Blumentöpfe für 5 Liter Erde
- kleine Schaufel
- kleine Harke

So geht's:

1. Fülle ab Mitte Mai die Töpfe bis knapp unter den Rand mit Erde oder lockere die Erde im Beet auf.
2. Gib zwei bis drei Bohnenkerne nur zwei Zentimeter tief in die Erde. Im Beet lasse zwischen weiteren Samen in der Reihe einen Abstand von 15 Zentimetern. Zwischen einzelnen Reihen brauchst du etwa 40 bis 50 Zentimeter Platz.
3. Bedecke die Saat nur leicht mit Erde.
4. Gieße regelmäßig und lockere den Boden mit der Harke auf. Achte auf die zarten Wurzeln der Pflanzen, damit du sie beim Harken nicht versehentlich rausreißt.
5. Nach zwei bis drei Monaten erntest du die ersten Bohnen: einfach mit dem Finger abknipsen!

Rohe Bohnen sind giftig! Du darfst sie also nur gekocht essen.

Nudeln mit Bohnen und Parmesan

Du brauchst für 4 Portionen:

- 500 g grüne Bohnen
- 400 g Penne
- 1 Zwiebel
- 1 Knoblauchzehe
- 1 EL Olivenöl
- 250 g Schlagsahne
- 150 g Gemüsebrühe
- 150 g geriebener Parmesan
- Salz
- Pfeffer

So geht's:

1. Bohnen waschen, putzen und in kleine Stücke schneiden. Parmesan reiben.
2. Salzwasser zum Kochen bringen. Penne und Bohnen hineingeben und nach der Packungsangabe der Nudeln bissfest garen.
3. In der Zwischenzeit Zwiebel und Knoblauch schälen und würfeln.
4. Das Öl in einer Pfanne erhitzen, Zwiebel und Knoblauch darin anschwitzen, Sahne und Brühe dazugießen und einkochen lassen.
5. 100 g Parmesan unterrühren.
6. Bohnen und Penne abgießen und in der Pfanne mit der Soße vermischen. Salzen, pfeffern und mit dem restlichen Parmesan bestreut servieren.

Sommerspiele

Superfrüh hell und sehr spät erst dunkel: Weil die Tage im Sommer richtig schön lang sind, hat Findus noch viel mehr Zeit zum Spielen als den Rest des Jahres. Bestimmt kennst auch du lustige Spiele für warme Tage. Hier kommen ein paar Ideen für dich.

Schwammbomben

Du brauchst:

- bunte Haushaltsschwämme
- Schere
- Schnur
- Eimer
- Wasser

So geht's:

1. Schneide die Schwämme in gleich große Streifen.
2. Lege jeweils 6 Streifen in 2 Schichten übereinander und binde sie in der Mitte mit einer Schnur zusammen.
3. Ziehe die Streifen so auseinander, dass eine Art Ball entsteht.
4. Fülle Eimer mit Wasser und tauche die Schwammbälle hinein. Und los geht die Wasserschlacht!

»Echte« Wasserbomben können ganz schön wehtun. Diese Schwammbälle sind viel weicher. Außerdem kannst du sie immer wieder benutzen, und das ist gut für die Umwelt.

Fußangeln

So geht's:

1. Versenke die Gegenstände im Wasser.
2. Vereinbart eine Zeit, z. B. 60 Sekunden.
3. Ein Kind beginnt und taucht einen Fuß ins Wasser. Ab jetzt läuft die Zeit.
4. Das Kind versucht, in der vorgegebenen Zeit die Gegenstände nur mithilfe seines Fußes herauszufischen. Der andere Fuß darf nicht zu Hilfe genommen werden (nur, falls ihr es einfacher haben wollt)!
5. Nach der vereinbarten Zeit ist das nächste Kind dran. Wer angelt die meisten Sachen?

Du brauchst:

- mit Wasser gefüllte Wanne, Planschbecken oder etwas Ähnliches
- viele kleine Gegenstände wie einen Stein, ein Spielzeugauto, einen Teelöffel, einen Schlüssel, einen Bauklotz, eine Nudel oder was dir sonst noch so einfällt. Je kleiner, desto schwieriger!
- Stoppuhr
- Mitspielerinnen und Mitspieler

Natur-Mandalas

Du brauchst:

- alles, was du in der Natur findest: Steinchen, Äste, Blätter, Muscheln, Früchte, Blüten, Zapfen ... Nur nicht einfach irgendwo etwas abreißen und abknicken.
- eine ebene Fläche
- eine Kamera oder ein Handy zum Fotografieren

So geht's:

1. Beginne in der Mitte mit deinem Mandala und lege von dort nach außen. Lass dir Zeit dabei und betrachte zwischendurch immer mal wieder, was du gelegt hast.
2. Fertig ist das Mandala, wenn du es schön findest.
3. Mache zur Erinnerung ein Foto von deinem Mandala. Es bleibt in der Natur liegen.

Tomaten im Topf

Klein, rund und knackig oder groß, weich und saftig: Tomaten gibt es in verschiedenen Formen und Farben. Findus isst sie auf dem Brot, im Salat, als Nudelsoße, als Ketchup oder auf der Pizza.

Tomaten anbauen

Ohne Tomaten wären viele Gerichte ziemlich langweilig. Höchste Zeit, deine eigenen Tomaten zu züchten!

Du brauchst:

- Tomatenpflanze aus der Gärtnerei, dem Baumarkt oder Gartencenter (am besten eine Ampel- oder Balkontomate in Bio-Qualität)
- standfesten Blumenkübel, in den mindestens 15 Liter Erde passen
- Gemüseerde
- etwa 1,50 Meter langen Stab oder Stock (damit deine Tomate daran hochwachsen kann)
- ein paar Schnüre

So geht's:

1. Fülle den Kübel mit Erde und grabe in der Mitte eine Mulde.
2. Nimm die gekaufte Pflanze aus dem Plastiktopf und setze sie mittig in den Kübel. Drücke sie etwas an und verteile die Erde gleichmäßig. Achte darauf, dass die unteren Blätter nicht den Boden berühren, oder knipse sie einfach ab.
3. Stecke den Stab vorsichtig in die Erde neben der Pflanze.
4. Suche dann ein sonniges, überdachtes Plätzchen ohne Wind – Tomaten lieben Sonne und Wärme.
5. Gieße die Tomate täglich – an heißen Tagen morgens und abends. Aber immer nur unterhalb der Pflanze – wenn Wassertropfen auf die Blätter geraten, können sie wie ein Brennglas wirken, und die Pflanze bekommt einen »Sonnenbrand«.
6. Binde die Tomatenpflanze im Laufe des Sommers in regelmäßigen Abständen am Stab hoch.

Grüne, also unreife Tomaten sind giftig! Ernte nur knallrote Früchte.

Tomatensoße

Ernte zu den Tomaten Oregano und Basilikum aus Petterssons Kräuterbeet von Seite 30 – schon hast du die wichtigsten Zutaten für deinen Pizzabelag oder eine Nudelsoße!

Du brauchst für 1 Liter Soße:

- 2 kg reife Tomaten
- 2 Zwiebeln
- 2 Knoblauchzehen
- 4 EL Olivenöl
- 2 EL Zucker
- 4 EL Balsamico-Essig
- 1 Bund/Töpfchen Basilikum
- Salz, Pfeffer

So geht's:

1. Gehäutete Tomaten halbieren und mit einem Löffel entkernen, den Stielansatz mit entfernen. Tomaten kleinschneiden.
2. Zwiebeln und Knoblauch schälen, fein hacken. Öl im Topf erhitzen. Zwiebeln und Knoblauch darin glasig dünsten. Mit 2 EL Zucker bestreuen und leicht karamellisieren. Mit Essig ablöschen, Tomaten zufügen.
3. Soße bei mittlerer Hitze offen 20–30 Minuten leicht sämig einköcheln, dabei öfter umrühren. Basilikum waschen, trocken schütteln, die Blätter kleinschneiden und unter die Soße rühren. Tomatensoße mit Salz, Pfeffer und Zucker abschmecken.

Beeren über Beeren

Es gibt nichts, was mehr nach Sommer schmeckt, und jetzt sind sie endlich alle reif: Sommerzeit ist Beerenzeit. Die Erdbeeren für Findus' Pfannkuchentorte erntet Pettersson im eigenen Garten.

Himbeeren gibt es bis in den Herbst hinein. Sie sind ein bisschen pelzig, säuerlich und vor allem gesund, denn sie enthalten viele Nährstoffe und nur wenig Zucker.

Die Mucklas zupfen gern die kleinen Vitaminbomben heimlich von den Stielen: Die **Johannisbeeren** gibt's in Rot, Weiß oder Schwarz. Sie gehören zu dem Gesündesten, was Pettersson in seinem Garten gepflanzt hat.

Brombeeren sammeln kann eine kratzige Angelegenheit sein, denn die wild wachsenden Sorten sitzen an dornigen, bis zu zwei Meter hohen Sträuchern (am besten Kleidung mit langen Ärmeln tragen!). Dafür wirst du mit einem wunderbar süßen Geschmack belohnt.

Heidelbeeren sind sehr gesund, aber ziemlich druckempfindlich. Pettersson isst sie am liebsten direkt nach dem Sammeln auf.

Beeren musst du vor dem Essen **waschen**. Da sie empfindlich sind, gib die Früchte in ein Küchensieb und lege dieses in eine Schale mit kaltem Wasser. Schwenke das Sieb etwas hin und her, dann hebe es wieder heraus. Lass die Früchte abtropfen – und dann ab in den Mund!

Erdbeeren pflanzen

Du brauchst:

- immertragende Erdbeerpflanzen aus der Gärtnerei oder dem Gartencenter (manchmal heißen sie Monatserdbeeren)
- Beet mit lockerem Boden an einem sonnigen Standort oder einen sonnigen, windgeschützten Platz
- Töpfe mit Durchmesser und Tiefe von 15 Zentimetern für einzelne Pflanzen (Blumenkästen für mehrere Pflanzen ebenfalls in der Tiefe von mindestens 15 Zentimetern)
- Komposterde oder Naturdünger

So geht's:

1. Pflanze die Erdbeeren zwischen Ende Juni und Mitte August.
2. Lockere die Erde auf und setze die Pflanzen mit einem Abstand von 25 Zentimetern ins Beet oder in den Blumenkasten.
3. Gieße die Erdbeeren regelmäßig und zupfe Unkraut aus der Erde. Dünge sie ab und zu ein bisschen.

Erdbeeren brauchen viel Sonne und reichlich Wasser. Aber wenn es zu nass ist, mögen sie das auch nicht. Teste mit dem Finger, ob deine Pflanze genug Wasser hat: Bleibt matschige Erde kleben, musst du nicht gießen.

Kleine und große Stadtpflanzen

Pettersson und Findus haben auf ihrem Hof in Schweden jede Menge Platz, um zu säen und zu pflanzen, zu buddeln und zu jäten, zu gießen und zu ernten. Aber vielleicht wohnst du nicht auf dem Land, hast keinen Garten und auch keinen Balkon? Dann gibt es noch andere Möglichkeiten zu gärtnern.

Das Muckla-Hochbeet

Für ein Hochbeet brauchst du nur ein wenig Platz an einem beliebigen Ort mit ausreichend Licht.

Du brauchst:

- ein Kinderhochbeet aus dem Baumarkt, dem Gartencenter oder der Gärtnerei (nicht höher als 50 bis 100 Zentimeter)
- Erde
- eventuell ein Hochbeetvlies (schützt das Innere deines Beets vor Feuchtigkeit und Schädlingen), lass dich dazu beim Kauf des Beets im Geschäft beraten
- passende Pflanzen (mehr dazu liest du rechts)

So geht's:

1. Suche einen geeigneten Standort für dein Beet. Ob Sonne, Schatten oder Halbschatten, richtet sich nach den Pflanzen, die du dir aussuchst. In jedem Fall ist ein windgeschützter Platz prima.
2. Bereite das Hochbeet zum Bepflanzen vor. Achte dabei darauf, welcher Zeitpunkt zum Aussäen oder Pflanzen auf den Töpfen oder Päckchen steht. Auch auf den Abstand zwischen den Pflanzen musst du schauen.
3. Suche dir für die Mitte Pflanzen aus, die kleinwüchsig, aber ertragreich sind: kleine Paprika, Kopfsalat, Buschbohnen, Radieschen, Tomaten, Schnittlauch, Petersilie und Basilikum eignen sich gut.
4. In die Ecken pflanzt du am besten Hängepflanzen wie Kapuzinerkresse oder Minikürbis.
5. Am Rand kannst du Hängetöpfe mit Erdbeeren anbringen.
6. Nun musst du regelmäßig gießen und kannst schon bald etwas ernten.

Falls ihr zur Miete wohnt und im Innenhof oder im Vorgarten ein Hochbeet aufstellen möchtet, braucht ihr vorher die Genehmigung der Vermieter. Aber dann kann es losgehen!

Pflanzsteine

Damit du nicht vergisst, was alles in deinem Hochbeet wächst, schreibst du Pflanzschilder, die du in die Erde steckst – oder du bastelst Pflanzsteine.

Du brauchst:

- möglichst runde, glatte Steine
- alte Zeitungen
- Fingerfarbe, Plakafarbe oder Acrylstifte
- einen dünnen Pinsel
- umweltfreundlichen Klarlack

So geht's:

1. Mache die Steine gründlich sauber und trocken.
2. Lege deine Arbeitsfläche mit Zeitungen aus.
3. Nun kannst du die Steine bemalen und beschriften. Am besten eignen sich Acrylmalstifte: Mit ihnen kannst du super schreiben, und sie sind nach dem Trocknen wasserfest. Aber auch mit einem dünnen Pinsel geht es gut!
4. Damit die Beschriftungen im Beet länger halten, lackiere die Steine mit Klarlack.

Samenbomben

Achtung, wildes Blumen-Flugobjekt! Egal, ob im Garten, im Park oder in der Stadt: Bastele mit Findus lustige Samenbomben, wirf sie auf eine Fläche mit Erde und beobachte, was passiert.

Samenbomben basteln

Du brauchst für etwa 20 Samenbomben:

- 200 g Tonerde (Heilerde aus der Drogerie)
- 200 g Blumenerde
- Sieb mit großen Löchern
- große Schüssel
- kleine Schüssel
- drei Päckchen mit heimischen Blumenarten
- Wasser
- Zeitungspapier

So geht's:

1. Gib die Blumenerde über der großen Schüssel in das Sieb. Entferne durch Sieben Rindenstückchen, Ästchen und Wurzeln, sodass du nur noch feine Erde in der Schüssel hast.
2. Die Samen vermischst du in der kleinen Schüssel und gibst sie dann in die große Schüssel. Danach kommt die Tonerde zu der Mischung hinzu.
3. Tröpfle etwas Wasser in die Schale und knete die Mischung so lange, bis ein gleichmäßiger Teig entsteht. Wenn der Teig zu feucht wird, kannst du ihn mit Erde und Tonerde wieder andicken.
4. Forme mit den Fingern vorsichtig walnussgroße Kugeln – aber nicht rollen, sonst bröckeln die Kugeln auseinander oder matschen zusammen.
5. Lege nun die Kugeln auf Zeitungspapier an die Heizung und lass sie dort zwei Tage trocknen. Zwischendurch drehst du sie ein wenig, damit sie von allen Seiten gleichmäßig trocknen.
6. Auf die Plätze… fertig für den Abwurf! Der nächste Regen weicht den Ball auf, und die Samen der Blumen beginnen zu keimen.

Wenn das Fleckchen, auf das du die Bombe wirfst, in der Sonne liegt, wachsen die Blumen besonders schnell und schön.

Seit vielen Jahren nutzen Menschen in großen Städten Samenbomben, um langweilige oder traurige graue Ecken in **bunte Grünflächen** voller Leben zu verwandeln.

Das Klima auf der Erde hat sich im Laufe der Zeit immer geändert, allerdings noch nie so schnell. Und noch nie war wie jetzt der Mensch dafür verantwortlich. Denn es sind vor allem Gase in der Luft, die das Klima beeinflussen. Die kommen von Autos, Flugzeugen, Fabriken. Vom Bau von Städten und vom Transport von Kleidung und Lebensmitteln über weite Strecken.

Immer mehr Menschen leben in Städten, in denen es durch den Klimawandel heißer wird und wo die Luft schlechter wird, weil Pflanzen und Grünflächen fehlen. Deshalb haben sich in einigen Städten die Leute, die für die Gebäudeplanung zuständig sind, überlegt, dass man die **Häuser begrünen** könnte – mit Pflanzen auf Fassaden, Balkonen, Dächern und Terrassen.

In Singapur, einer riesig großen Stadt in Asien, sind schon viele Gebäude bepflanzt worden. Überlege mal: Wo könnte man bei dir zu Hause noch mehr Grünflächen schaffen?

Zuckerschoten und Gemischtes

Der alte Pettersson hat für Findus ein Beet angelegt, um das der kleine Kater sich allein kümmern kann. Im Sommer erntet er lecker-knackige Zuckerschoten, denn die mag er ganz besonders.

Es gibt Obst und Gemüse, das gut wächst, wenn du es gemeinsam anpflanzt. Die unterschiedlichen Pflanzen machen unerwünschten Pilzen und Krankheiten das Leben schwer, und Düfte verjagen Schädlinge und Fressfeinde. Die Pflanzen helfen sich also gegenseitig. So etwas heißt **Mischkultur**.

Pflanze neben **Erdbeeren Knoblauch** oder **Schnittlauch**. Die Laucharten schützen Erdbeeren vor einer Krankheit, die Grauschimmel heißt.

Neben **Tomaten** wächst prima **Kopfsalat**. Die Tomaten haben lange Wurzeln, der Salat hat nur kurze. So kommen sich die Wurzeln nicht in die Quere.

Blattläuse futtern gern **Bohnen**, aber noch lieber fallen sie über **Kapuzinerkresse** her. Wenn du die bunte, essbare Blume danebenpflanzt, lassen die Blattläuse deine Bohnen in Ruhe.

Der Duft von Dill lockt Schwebfliegen an. Und Blattläuse fressen gerne Kohl. Deshalb sind **Dill** und **Kohl** beste Freunde im Beet: Die Larven der Schwebfliegen fressen die Blattläuse auf, und der Kohl ist geschützt.

Kennst du den Unterschied zwischen Obst und Gemüse?

- Gemüse stammt von Pflanzen, die nur ein Jahr »halten«.
- Obstpflanzen blühen immer wieder und bringen Früchte hervor.
- Meistens ist Obst ziemlich süß, und Gemüse ist es nicht.
- Oft wächst Gemüse am Boden und Obst am Baum.

Es gibt jedoch Ausnahmen: Tomaten sind Obst. Und Erdbeeren wachsen am Boden. Aber Hauptsache, es schmeckt lecker und ist gesund!

Sommerliche Zuckerschoten

Du brauchst:

- Bio-Zuckerschoten-Samen aus der Gärtnerei oder dem Gartencenter
- Beet mit lockerem Boden an einem sonnigen Standort
- Rankhilfe wie Bambusstäbe oder Äste

So geht's:

1. Lockere den Boden im April vor der Aussaat.
2. Lege die Samen entweder in eine schmale Rille oder in Doppelreihen in eine breite Rille, die du mit der Schaufel ziehst. Die Rille sollte etwa bis vier Zentimeter tief sein. Der Abstand zwischen den Samen muss mindestens fünf Zentimeter betragen.
3. Stecke die Bambusstäbe oder die Äste in die Erde: Weil Zuckerschoten Kletterpflanzen sind und zwischen 50 und 150 Zentimeter hoch werden, bilden sie „Halte-Ranken", die sich um alles schlingen, was sie finden können – also auch um die Stäbe oder Äste.
4. Gieße während des ersten Wachstums nicht zu stark. Erst wenn sich im Mai Blüten und später Hülsen bilden, solltest du häufiger gießen.
5. Je nach Wetter sind Zuckerschoten etwa drei Monate nach der Aussaat erntereif. Sobald sich die zarten Schoten bilden, kannst du ernten: Je frischer und jünger sie sind, desto besser schmecken sie.

Sommerfeste mit Baum und Holunder

Mittsommer ist in Schweden nach Weihnachten das größte Fest. Die Nächte um die sogenannte Sommersonnenwende heißen »weiße Nächte«, denn so richtig dunkel wird es nicht. Pettersson und Findus feiern den Mittsommer mit Nachbarn und Freunden.

Findus' Mittsommerbaum

Du brauchst:

- einen langen, dicken Stock oder Bambusstab aus dem Baumarkt (etwa 1,50 Meter Länge)
- zwei gleich lange Bänder
- bunte Blumen
- Gartenbast
- Blumendraht

So geht's:

1. Lege die Blumen dicht aneinander und umwickele sie mit Bast. Zwischendurch schneidest du die langen Stiele ab. Das machst du so lange, bis der Kranz die gewünschte Länge hat.
2. Wenn der Kranz fertig ist, wickle den Draht drum herum. So ist er stabiler aufzuhängen.
3. Bitte einen Erwachsenen, oben in den Stock oder Stab ein Kreuz zu schnitzen. Dann stecke den Stock in die Erde.
4. An dem Blumenkranz befestigst du zwei gleich lange Bänder an vier Stellen mit einem Knoten. Dann legst du die Bänder über das Kreuz im Stock.
5. Jetzt kannst du um deinen Mittsommerbaum herumtanzen.

Der »echte« **Mittsommerbaum** in Schweden sieht ein wenig anders aus. Er wird traditionell aus einem Kreuz gebastelt, mit Blumen und Bändern und zwei großen Kränzen geschmückt.

Holunderblütensirup

Selbst gemachter Sirup aus den weißen Holunderblüten schmeckt köstlich, ist supererfrischend und mit Mineralwasser und ein paar Eiswürfeln serviert das perfekte Getränk für euer Sommerfest.

Du brauchst für 2 Liter:

- 2 Liter Wasser
- 2 kg Zucker
- 30 g Zitronensäure
- 1 Bio-Orange
- etwa 25–30 Holunderblüten-Dolden
- Topf
- Küchensieb
- einige Flaschen

So geht's:

1. Die Holunderblüten nur ganz vorsichtig ausschütteln, damit der Blütenstaub haften bleibt. Achte darauf: Oft sitzen noch kleine Fliegen in den Blüten. Diese musst du entfernen.
2. Orange unter heißem Wasser abwaschen und in Scheiben schneiden.
3. Das Wasser mit dem Zucker und der Zitronensäure aufkochen, bis sich der Zucker vollständig gelöst hat.
4. Holunderblüten und Orangenscheiben in den Topf mit dem Sirup geben.
5. Sirup im abgedeckten Topf zur Seite stellen. Drei Tage an einem dunklen Ort ziehen lassen und täglich umrühren.

6. Nach drei Tagen den Holunderblütensirup durch ein feines Küchensieb gießen und erneut aufkochen lassen.
7. Die Flaschen heiß ausspülen.
8. Den heißen Holunderblütensirup in die Flaschen füllen und abkühlen lassen.

Holunder wächst und blüht im Sommer überall: In der Stadt in Parks und Grünanlagen und auf dem Land an Wald- und Feldrändern. Der Duft der Büsche zeigt dir den Weg.

Wildblumenwiese und Becherlupe

Findus mag es, wenn es im Sommer im Garten laut brummt und summt. Der kleine Kater weiß, wie wichtig das ist. Wenn es keine Insekten mehr gäbe, würden Blüten nicht mehr bestäubt, und es gäbe keine Früchte mehr. Und ohne Bienen gäbe es für Pettersson kein Honigbrot zum Frühstück.

Nicht nur Bienen, sondern auch Schmetterlinge und viele andere Insekten werden immer weniger. Mit einem insektenfreundlichen Balkon oder einem Stückchen **naturbelassener** Wiese hilfst du ihnen.

Pflanzen mit Nektar und Pollen

Säe Wildblumen auf dem Balkon oder der Terrasse. Wenn ihr einen Garten habt, könntet ihr ein kleines Stückchen Gras einfach nicht mähen. So entsteht dort nach und nach eine Wiese. Auch hier kannst du Wildblumen pflanzen.

Kein Gift

Vor allem chemische Stoffe wie Pestizide töten nicht nur schädliche Blattläuse, sondern auch ihre Fressfeinde, die Marienkäfer. Benutze also zum Gärtnern niemals Gift. Unkraut zupfst du einfach mit der Hand heraus.

Trinkstellen

Auch Insekten haben Durst. Und bei uns wird es immer trockener, weil es weniger regnet. Nimm eine Schale, gib Wasser hinein und fülle sie mit Steinchen, Murmeln und ein bisschen Moos – daran können sich kleine Tierchen festhalten und trinken, ohne ins Wasser abzurutschen. Die Wasserschale solltest du regelmäßig sauber machen.

Nachtschwärmer

Pflanze Blumen auf dem Balkon oder im Garten, die nachtaktive Insekten anziehen. Pflanzen mit lustigen Namen wie Polster-Seifenkraut, Nachtkerzen oder Geißblatt sind dafür super geeignet – und riechen abends ganz wunderbar.

Eine Becherlupe basteln

Da es bei Pettersson im Garten so viel zu entdecken gibt, bastelt Findus eine tolle Becherlupe, mit der er Insekten beobachtet.

Du brauchst:

- ein niedriges Einmachglas mit Deckel und leicht nach innen gewölbtem Boden
- etwas Moos oder Gras
- Wasser
- ein kleines Insekt oder anderes Tierchen, das du beobachten willst

So geht's:

1. Lege etwas Gras oder Moos auf den Deckel vom Einmachglas.
2. Setze das Tierchen vorsichtig darauf.
3. Schraube das Glas auf dem Kopf stehend zu.
4. Bedecke den Glasboden mit ein wenig Wasser. Nun entsteht ein Lupeneffekt und du kannst alles im Glas genau beobachten. Achtung, auf keinen Fall schütteln!
5. Setze das Tierchen vorsichtig wieder auf die gleiche Stelle, an der du es gefunden hast.

Blumensalat und aufgeschürfte Knie

Der alte Pettersson hat für sich und Findus einen knackiggrünen Salat gemacht. Doch was ist das? Auf dem Salat liegen ja Blumen aus Petterssons Garten! Mutig steckt Findus sich eine bunte Blüte in den Mund. Das schmeckt nämlich richtig gut!

Die Kapuzinerkresse

Mit den Blüten der Kapuzinerkresse wird dein Salat richtig schön knallbunt. Du säst sie von Februar bis April aus und ziehst sie vor, bevor sie ins Beet kommt (siehe Seite 32). Ihre Ranken können bis zu drei Meter lang werden! Das sieht besonders schön am Balkon aus. Kapuzinerkresse mag viel Sonne, deshalb ist der Standort wichtig.

Lakritz-Tagetes

Vielleicht isst du auch so gern Lakritz wie der alte Pettersson? Dann wirst du die Lakritz-Tagetes lieben, denn ihre Blätter schmecken wie flüssiges Lakritz! Aus ihnen kannst du auch Tee machen oder mit ihnen Speisen würzen. Die Lakritz-Tagetes pflanzt du von April bis Juni. Sie steht am liebsten in der Sonne oder im Halbschatten und wächst gut in einem Kübel oder Balkonkasten.

Die Ringelblume

Die strahlend orangefarbene Ringelblume blüht von Juni bis Oktober. Sie ist eine der ältesten Gartenblumen. Du pflanzt sie von April bis Juni. Sie braucht nicht viel Wasser und nur ein bisschen organischen Dünger. Ihre Blüten sind essbar und helfen sogar, wenn du dir das Knie aufgeschlagen hast …

Achtung, giftig!
Iss niemals Blüten, wenn du nicht sicher bist, dass sie essbar sind. Besonders giftig sind Tollkirsche, Kirschlorbeer, Eibe und Roter Fingerhut. Und die giftigen Maiglöckchen können mit dem leckeren Bärlauch verwechselt werden. Pflücke Blüten nur mit jemandem, der sich gut auskennt.

Findus' Ringelblumen-Salbe

Hilft richtig gut gegen Hautverletzungen!

Du brauchst:

- 2 Hände voller frisch gepflückter Ringelblumen (nur die Blüten ohne Blätter und Stängel)
- 100 ml Mandelöl
- 1 EL Bienenwachs
- Kochtopf und -löffel
- kleine Schüssel, hitzebeständig
- Sieb
- Cremetöpfchen

So geht's:

1. Fülle so viel Wasser in den Kochtopf, dass die kleine Schüssel darin noch steht und nicht schwimmt.
2. Gib die Blüten und das Mandelöl in die kleine Schüssel und stelle sie ins Wasserbad.
3. Stelle den Kochtopf auf den Herd und erhitze das Wasser etwa 15 Minuten lang. Dabei sollte dir unbedingt ein Erwachsener helfen.
4. Gib das Bienenwachs in die kleine Schüssel und warte, bis es ebenfalls flüssig ist.
5. Streiche die flüssige Masse durch das Sieb in die Cremetöpfchen und lasse sie abkühlen.

Natürlich bunt

Findus malt und bastelt gern, am liebsten mit ganz bunten Farben. Hier zeigt er dir, wie du deine eigenen Farben herstellen kannst – und das nur mithilfe der Natur!

Viele, viele Jahrhunderte haben die Menschen ihre Kleidung auf natürliche Art und Weise gefärbt, denn nicht nur in Blüten, sondern auch in Stängeln, Blättern, Früchten und Wurzeln ist Farbe. Als man im 19. Jahrhundert entdeckt hatte, wie man Farbe einfacher industriell herstellen kann, sind **Pflanzenfarben** ein bisschen in Vergessenheit geraten. Dabei macht es viel Spaß, damit zu malen und herumzuexperimentieren.

Pflanzenfarben herstellen

Du brauchst:

- 1 Tasse frische Blüten (lies auf Seite 71 oben mehr dazu)
- ½ Tasse kaltes Wasser
- Topf
- Kochlöffel
- Sieb
- Mulltuch
- Gläser mit Schraubdeckel

So geht's:

1. Gib die Blüten in den Topf.
2. Füge das kalte Wasser hinzu.
3. Erhitze den Farbsaft und lasse ihn einige Minuten leicht köcheln. Rühre dabei gut um.
4. Lege das Sieb mit dem Mulltuch aus. Gieße die Farbe durch das Sieb in ein Glas.
5. Schraube das Glas zu und verbrauche die Farbe schnell, da sie leicht schimmeln kann. Die Reste stellst du in den Kühlschrank.

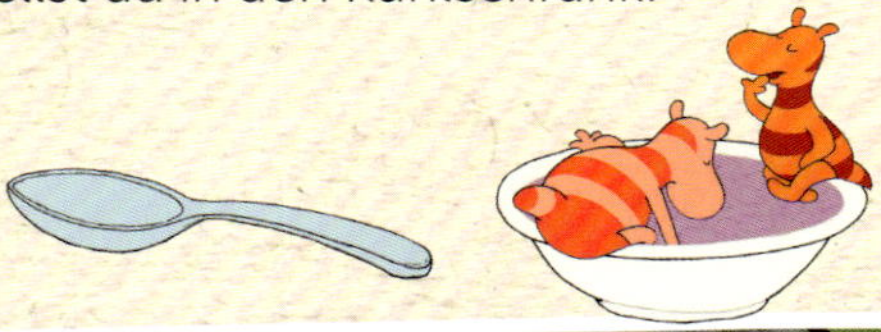

Deine Farben:

LILA
Brombeeren, Mauretanische Malve

ROT
Klatschmohn, Kirschen, Rote Bete

GELB
Goldrute, Färberkamille, Zwiebelschalen, Weinraute. Du kannst auch mit Currypulver oder Kurkuma färben.

ORANGE
Ringelblume, Dahlien

BLAU
Blaubeeren, Heidelbeeren, blaue Färberhülse, Rotkohl (Natron zugeben. Mit etwas Essig wird der Rotkohl rot.)

GRÜN
Spitzwegerich, Spinat (du kannst auch Tiefkühlkost nehmen), Brennnesseln, Petersilie

Mit den Pflanzenfarben kannst du auf Papier mit einem Pinsel schöne Bilder malen, aber auch heiße, frisch gekochte Eier färben. Oder du färbst mal Speisen wie Milchreis, Pudding oder Kuchenteig. Das mache aber nur mit den Farben, die du aus Früchten oder Gemüse herstellst. Auch Stoffe aus Wolle, Baumwolle oder Leinen können mit deinen Farben **bunt** werden!

Der Herbst

Der Herbst

Zum Herbst gehören die Monate **September**, **Oktober** und **November**.

Den Herbst mag Kater Findus besonders gern. Dann streifen Pettersson und er durch den Wald und suchen nach Kastanien, Eicheln und Bucheckern zum Basteln. Pettersson erntet in seinem Garten richtig viel leckeres Gemüse. Und es gibt knackig frische Äpfel, mit denen er köstlichen Apfelkuchen backt.

Auf den Bauernhöfen, aber auch im Gemüsebeet wartet im Herbst jede Menge Arbeit: Es ist Erntezeit. Sehr viele Getreidesorten sind reif, und auch jede Menge Obst und Gemüse kann geerntet werden. Für das nächste Jahr setzt du nun schon Zwiebeln von Krokussen, Narzissen und Tulpen. Mehr dazu liest du auf Seite 87.

Im Herbst färbt sich das Laub bunt. Hast du **Herbstblüher** wie Astern, Dahlien und Chrysanthemen gepflanzt, leuchten sie nun in allen Farben. Auf den Feldern erstrahlen Sonnenblumen bis spät in den Herbst hinein.

Dahlie

Astern

Chrysanthemen

Dahlienknollen musst du nach der Blüte im späten Herbst aus dem Boden ausgraben, denn sie überstehen den Winter in der Erde nicht. Lagere sie an einem dunklen, kühlen Ort, zum Beispiel im Keller. Ab April kannst du sie wieder vorziehen und ab Anfang Mai ins Beet oder in den Blumenkasten setzen.

Im September und bis in den Oktober hinein gibt es oft noch sommerliche Temperaturen und schönes Wetter. Diese Zeit nennen wir **Altweibersommer**. Der Begriff kommt von den Spinnweben, die jetzt überall hängen. Früher dachten manche Menschen, dass die silbrigen Fäden Haare wären, die alte Weiber beim Kämmen verloren hätten. Der Begriff kommt aber eigentlich von »weiben«, dem altdeutschen Wort für das Knüpfen von Spinnweben.

Im September wandert die Sonne über den Äquator auf die Südhalbkugel. Dort beginnt dann der Frühling, während bei uns Herbst ist. Nach einem halben Jahr überschreitet die Sonne erneut den Äquator und kehrt auf die Nordhalbkugel zurück. Dann ist bei uns Frühling, und im Süden ist Herbst.

Für Sternenforscher beginnt der Herbst bei uns auf der Nordhalbkugel rund um den 22. September. Das hat mit der sogenannten **Tagundnachtgleiche**, wenn Tag und Nacht genau gleich lang sind, und der Wanderung der Sonne zu tun.

Tiere im Herbst

Im Herbst wimmelt es rund um Petterssons Hof nur so von Tieren: Morgens stehen Rehe und Rothirsche auf den Feldern, überall flitzen Eichhörnchen herum, die ihre Vorräte verstecken, und über Findus' Kopf schnattern Wildgänse, die zum Überwintern zu uns nach Deutschland kommen.

Mehr als 100000 arktische **Wildgänse** machen sich Ende August aus ihren sibirischen Brutgebieten auf eine richtig weite Reise. Sie legen bis zu 6000 Kilometer zurück und überwintern am Niederrhein. Das ist ein Gebiet im Westen von Deutschland mit vielen Grünflächen und Wasserstellen an dem Fluss Rhein. Hier im Winterquartier fressen sich die Gänse das nötige Fettpolster an, das sie dann für ihre anstrengende Rückreise im Frühling brauchen.

Besonders fleißig sind im Herbst die **Eichhörnchen**: Sie verstecken ihre Vorräte im Boden, aber auch in Blumentöpfen und anderen Gefäßen. Anders als andere Nager fressen sie sich keinen Speck an, sondern holen sich im Winter, wenn sie nicht gerade schlafen, Samen oder Nüsse aus den Verstecken. Leider vergessen die Eichhörnchen oft, wo sie was verbuddelt haben. Das ist gut für die Natur: Die nicht gefundenen Samen und Kerne keimen im Frühjahr, und es entstehen neue Pflanzen.

Der **Igel** frisst sich im Herbst eine richtige Fettschicht an. Auf seinem Speiseplan stehen Käfer, Schnecken, Regenwürmer und Spinnen.

Wenn du einen Igel bei euch im Garten entdeckst, kannst du ihn füttern. Stelle ihm Katzenfutter mit hohem Fleischanteil ohne Obst- und Gemüsezusätze und eine Schale mit frischem Wasser hin, denn Igel finden durch das Insektensterben immer weniger Nahrung. Und Vorsicht mit Milch – die vertragen Igel nicht.

Blaumeise, Kohlmeise, Amsel und Haussperling sind Vögel, die bei uns bleiben und nicht in wärmere Gebiete fliegen. Deshalb nennen wir sie **Standvögel**. Sie ernähren sich von Beeren an den Sträuchern, Körnern, Nüssen und Samen oder picken in Baumrinden nach Würmern, Insekten und Larven. Was du im Winter für sie tun und wie du sie füttern kannst, liest du auf Seite 106 und 107.

Um Tiere zu beobachten, musst du nicht auf dem Land wohnen. Auch in den Parks und Grünanlagen der Städte leben Wildschweine, Waschbären, Füchse, Kaninchen und Marder. Da die Tiere im Herbst besonders viel zum Fressen finden, kannst du mit Glück eines von ihnen entdecken.

Herbstliches Obst und Gemüse

Findus weiß gar nicht, welche Gerichte er sich zuerst von Pettersson wünschen soll: Im Herbst gibt es eine unglaubliche Vielfalt an reifem Gemüse und Obst. Dazu noch so viele leckere Nüsse und Esskastanien, Salate und kerniges Getreide – nicht umsonst feiern die Menschen im Herbst das Erntedankfest.

Saisonkalender – was Findus wann ernten kann

Obst und Gemüse	August	September	Oktober	November
Apfel		🐾🐾	🐾🐾	🐾
Birne	🐾🐾	🐾🐾	🐾🐾	🐾
Pfirsich, Nektarine	🐾🐾	🐾🐾	🐾	
Quitte			🐾🐾	🐾🐾
Weintraube		🐾🐾	🐾🐾	
Walnuss, Haselnuss, Esskastanie		🐾	🐾🐾	
Aubergine	🐾🐾	🐾🐾		
Blumenkohl	🐾🐾	🐾🐾	🐾🐾	
Chicorée			🐾🐾	🐾🐾
Fenchel		🐾🐾	🐾🐾	🐾🐾
Kartoffel	🐾🐾	🐾🐾	🐾🐾	
Kürbis		🐾🐾	🐾🐾	🐾🐾
Möhre	🐾🐾	🐾🐾	🐾🐾	
Paprika	🐾🐾	🐾🐾	🐾🐾	
Pastinake	🐾🐾	🐾🐾	🐾🐾	🐾
Rote Bete		🐾🐾	🐾🐾	🐾🐾
Rotkohl		🐾🐾	🐾🐾	🐾🐾
Staudensellerie	🐾🐾	🐾🐾	🐾🐾	
Wirsing		🐾🐾	🐾🐾	🐾🐾
Zuckermais	🐾🐾	🐾🐾	🐾🐾	

Im Herbst und im Winter wird jede Menge **Kohl** geerntet. Das Gute an dem Gemüse ist, dass es bei uns regional angebaut und geerntet wird und nicht um die halbe Welt reisen muss. Außerdem sind Brokkoli, Blumenkohl, Grünkohl, Wirsing und viele weitere Kohlsorten unglaublich gesund. Schon 100 Gramm Grünkohl genügen, um deinen täglichen Bedarf an Vitamin C zu decken.

Kohl gehört zu den Kreuzblütlern und ist mit Senf und Radieschen verwandt.

Anna Anderssons Grünkohlchips

Du brauchst:

- 300 g Grünkohlblätter
- 3 EL Olivenöl
- Salz

So geht's:

1. Heize den Backofen vor (100 Grad Umluft oder 120 Grad Ober- und Unterhitze).
2. Trenne die Grünkohlblätter vom Strunk, zupfe sie in Stücke und wasche sie gut.
3. Gib Olivenöl und Blätter in eine Schüssel und vermenge alles mit den Händen. Gib ein bisschen Salz hinzu (nicht zu viel, sonst schmecken die Chips nach dem Backen zu salzig!).
4. Lege einen Backofenrost mit Backpapier aus und gib die Blätter darauf. Achte drauf, dass die Blätter Abstand zueinander haben.
5. Backe die Chips etwa zehn Minuten. Sobald du siehst, dass eine Seite kross wird, einmal wenden. Danach weitere zehn Minuten backen. Öffne während der Backzeit alle fünf Minuten kurz die Ofentür, damit Feuchtigkeit entweichen kann. So werden die Kohlblätter besonders knusprig.
6. Fülle die fertigen Chips in eine Schüssel und salze noch einmal. Fertig!

Pass gut auf, dass die Chips nicht zu lange im Ofen sind. Sobald die Blätter auch nur ein bisschen gebräunt sind, schmecken sie bitter.

Kartoffeln in Sack und Labyrinth

Mit Kartoffeln im Garten hat der alte Pettersson nicht immer Glück. Mal sind es die Kraniche, die im Gemüsebeet die Knollen aus der Erde picken, mal ist es Gustavssons Schwein, das von zu Hause ausreißt und es sich im Kartoffelacker gemütlich macht. Deshalb pflanzt Pettersson neue Kartoffeln in einem Sack.

Petterssons Kartoffeln im Sack

Du brauchst:

- Pflanzsack, Reissack oder Jutesack (Der Sack muss luft- und wasserdurchlässig sein.)
- Untersetzer
- Sack Gemüseerde
- Sack Laub oder trockenes Stroh
- 3 keimende Bio-Kartoffeln

Wenn du keinen Garten hast, sammle das Laub für deine Kartoffeln in einem Park oder im Wald.

So geht's:

1. Krempele den Sack so weit herunter, dass du Gemüseerde und etwas Laub hineinfüllen kannst.
2. Gib die Kartoffeln in die Mitte des Sacks, bedecke sie mit etwa fünf Zentimetern Erde und wässere sie.
3. Stelle den Sack in die Sonne.
4. Gieße etwa einmal in der Woche. Das Wasser sollte unten abfließen können.
5. Wenn die Pflanzen etwa 15 bis 20 Zentimeter hoch sind, kremple den Sack etwas hoch und fülle ihn mit dem Laub-Erde-Gemisch so auf, dass noch einige grüne Blättchen herauslugen. Gieße immer wieder.
6. Schritt 5 wiederholst du, bis du den Sack ganz hochgekrempelt hast.
7. Wenn oben im Sack das Grün der Pflanzen welkt, grabe mit den Händen im Sack herum. Wie viele Kartoffeln findest du?

Grüne, gekeimte und ungekochte Kartoffeln darfst du nicht essen, denn sie enthalten das Gift Solanin.

Kartoffeln schmecken super und sind sehr gesund. Da ist es kein Wunder, dass es bei uns etwa 140 Sorten gibt. Immer noch sind Kartoffeln auf der ganzen Welt neben Reis, Mais und Weizen ein wichtiges **Grundnahrungsmittel**. Es gibt sie in vielen verschiedenen Formen und Farben. In manchen Regionen heißt die Kartoffel Erdapfel.

Das Kartoffel-Labyrinth

Du brauchst:

- Kartoffel
- Schuhkarton mit Deckel
- Alufolie
- Klebeband
- Schere
- Erde und Wasser
- Lineal
- Pappstreifen

So geht's:

1. Schneide einige Pappstreifen zurecht, die in den Karton passen, aber der austreibenden Kartoffel Platz zum Herumkommen lassen. Dafür müssen sie genauso hoch wie der Karton sein, aber etwa 5 Zentimeter kürzer, als der Karton breit ist.
2. Klebe die Pappstreifen so in den Karton, dass zwischen ihnen etwa 10 Zentimeter Platz ist und sich die Lücken seitlich abwechseln.
3. Stelle den Karton aufrecht hin und schneide eine 5 Zentimeter große Öffnung oben hinein.
4. Forme aus der Alufolie eine Schale, fülle sie mit Erde, lege die Kartoffel hinein und befeuchte sie mit Wasser.
5. Stelle das Schälchen unten in den Karton und klebe es fest.
6. Schließe den Karton mit dem Deckel, sodass nur noch durch die Öffnung Licht eindringt.
7. Stelle den Karton an ein Fenster und warte einige Zeit. Die Kartoffel schlängelt sich ihren Weg durch das Labyrinth zur Öffnung!

Pflanzen wachsen in die Richtung der Lichtquelle.

Von Festen und Kürbisfratzen

Im September freuen sich Pettersson und Findus auf das Skördefest, das schwedische Erntedankfest. Auch bei uns feiern viele Menschen eine ertragreiche Ernte.

Für Findus ist es das Herbstgemüse schlechthin: In den Monaten September und Oktober leuchten auf den Feldern, Höfen und in den Supermärkten riesige orangefarbene **Kürbisse**. Es gibt viele verschiedene Arten in den unterschiedlichsten Formen und Farben. Kürbisse sind sehr gesund, denn sie enthalten Vitamine und Mineralstoffe. Und zu Halloween machen die dicken Kugeln besonders viel Spaß. Petterssons Nachbarin Elsa schnitzt in das ausgehöhlte Gemüse gern eine lustige Fratze, die ihrem Mann Gustavsson verdächtig ähnlich sieht…

Wenn du eine schmale Fensterbank hast, schnitze mehrere kleine Kürbisse mit unterschiedlichen Gesichtern und stelle sie nebeneinander – das sieht toll **gruselig** aus!

Weil die Schale des Kürbisses hart ist, kann das Messer darin stecken bleiben. Um es zu lösen, rüttle sanft daran und ziehe es dann vorsichtig heraus, damit du dich nicht verletzt.

Elsas Halloweenkürbis

Du brauchst:

- einen großen, frischen Kürbis
- Lappen und Geschirrtuch
- wasserlöslichen Stift
- Blatt Papier
- Drucker
- Schere
- Klebestreifen
- scharfes, langes Messer
- kurzes Küchenmesser
- großen Löffel oder Eisportionierer
- Teelicht oder LED-Lichterkette

Lass dir von Erwachsenen helfen!

So geht's:

1. Wische mit einem feuchten Tuch den Schmutz vom Kürbis. Trockne ihn mit dem Geschirrtuch ab, damit du später beim Schnitzen nicht abrutschst.
2. Schneide mit der oder dem Erwachsenen den Deckel mit dem langen Messer ab. Die Öffnung sollte wenigstens so groß sein, dass du gut das Fruchtfleisch aus dem Kürbis entfernen kannst. Lasse den Stiel am Deckel. Ihn kannst du später als Griff benutzen, um den Deckel anzuheben und die Kerze zu wechseln.
3. Hole mit Löffel oder Eisportionierer Fasern und Kerne aus dem Innern des Kürbisses. Dann höhlst du das Fruchtfleisch aus. Wirf es nicht weg – daraus kannst du eine leckere Suppe kochen. Die Kerne kannst du im Backofen knusprig rösten und essen.
4. Schaue im Internet nach Vorlagen für das Kürbisgesicht und drucke dir aus, was dir am besten gefällt. Schneide die Silhouette der Gesichtsteile aus und klebe sie auf den Kürbis.
5. Zeichne mit dem Stift die Konturen der Vorlage auf den Kürbis.
6. Nun schnitze mit dem oder der Erwachsenen das Gesicht aus. Dafür nehmt ihr das kurze Messer.

7. Stelle ein Teelicht in den Kürbis oder lege eine Lichterkette hinein. Anmachen, Deckel drauf und ab damit in die Dunkelheit!

Pilze

Im Herbst laufen Pettersson und Findus mit einem Korb in den Wald und sammeln Pilze. Auch im Garten sprießen bei feucht-warmem Wetter oft jede Menge Pilze aus dem Boden. Sie zu sammeln, macht großen Spaß. Da aber ganz viele Pilze nicht nur ungenießbar, sondern sogar giftig sind, musst du genau hinschauen.

Das musst du beim Pilzesuchen beachten:

- Sammle nur mit jemandem, der sich richtig gut auskennt.
- Schneide die Pilze vorsichtig mit einem Messer ab.
- Lege sie in einen Korb, in dem sie Luft bekommen.
- Nie rohe Pilze probieren. Viele Arten sind giftig, bevor sie gekocht sind.

Hast du im Rasen schon mal einen **Hexenring** gesehen? Wenn Pilze so im Kreis wachsen, liegt das auch daran, dass du einen großen Teil von ihnen gar nicht sehen kannst, denn er ist unterirdisch. Unter der Erde bilden nämlich viele einzelne Pilzfäden ein Netz, das den Boden durchzieht. Dieses Geflecht heißt **Myzel**. Pilze im Rasen sind vielen Gärtnerinnen und Gärtnern ein Dorn im Auge. Sie verschwinden aber wieder, wenn der Rasen durchtrocknet.

Der Herbst ist eine gute Zeit, um Pilze anzubauen. Im eigenen Garten ist das schwierig. Wenig Arbeit und einen schnellen Erfolg hast du aber mit einer **Fertigkultur** von Champignons, Austernpilzen oder Shiitakepilzen. Besonders einfach ist das Züchten von Champignons. Sie brauchen kein Licht, eine Temperatur unter 19 Grad Celsius und können im dunklen Keller oder Schuppen stehen.

Pilz-Fertigkultur

Mit einer Fertigkultur, also einer bereits vom Myzel durchwachsenen Unterlage, lernst du die Pilze als Lebewesen und ihre Bedürfnisse kennen. Es macht Spaß, das Wachstum jeden Tag zu beobachten. Probiere es mal aus.

Du brauchst:

- Fertigkultur aus der Gärtnerei oder dem Gartencenter
- Sprühflasche
- Abdeckfolie aus der Gärtnerei
- dunklen Ort wie Keller oder Schuppen

So geht's:

1. Lies dir die mitgelieferte Anleitung ganz genau durch – je nach Pilz und Kultur musst du unterschiedliche Dinge beachten.
2. Meistens gilt: Auf die vom Myzel durchwachsene Unterlage gibst du die mitgelieferte Erde und zerbröselst diese fein, damit es die Pilze leicht haben, durch den Boden zu wachsen.
3. Die Erde muss ausreichend feucht gehalten werden. Wässere nie mit der Gießkanne, sondern immer mit einer Sprühflasche.
4. Damit sich die Feuchtigkeit hält, wird alles mit einer Folie abgedeckt. Allerdings solltest du öfter lüften, damit die Erde nicht schimmelt.
5. Ernte die Pilze immer komplett aus dem Boden. Über Pflanzenreste können sonst Schädlinge eindringen. Bei Champignons kannst du kleinere Pilze noch weiter wachsen lassen.

Tulpen und Lavendel

Viele der Pflanzen, die in den Sommermonaten rund um Petterssons Hof gewachsen sind, sind nun verblüht. Um in der dunklen Jahreszeit, die bald beginnt, jeden Tag ein bisschen Frühling und Sommer im Haus zu haben, hat sich Pettersson für Findus ein paar schöne Dinge überlegt.

Petterssons Lavendelsäckchen

Du brauchst:

- einige frische Lavendelstiele (aus dem Garten oder aus der Gärtnerei)
- 1 Meter netzartigen oder sehr dünnen Stoff
- Nadel oder kleines Messer
- Bändchen
- Schere
- Esslöffel

So geht's:

1. Schneide vom Lavendel einige Stiele ab und hänge sie an einem Band kopfüber an einem trockenen Ort auf. Nach 2 Wochen ist der Lavendel fertig getrocknet.
2. Befreie die Blüten vom Stiel und lege sie zur Seite.
3. Schneide aus dem Stoff ein 15 bis 25 Zentimeter großes Quadrat aus. Stich mit der Nadel oder dem kleinen Messer etwa 2 Zentimeter unterhalb der Kante jeweils im Abstand von 2 Zentimetern kleine Löcher, sodass ein dünnes Bändchen durchpasst. Lass dir von einer oder einem Erwachsenen helfen.
4. Schneide einen schmalen, etwa 20 Zentimeter langen Streifen vom übrig gebliebenen Stoff ab und fädele ihn durch die Löcher.
5. Lege das Stoffstück auf den Tisch und gib zwei Esslöffel Lavendelblüten darauf. Klappe alle vier Ränder so nach oben, dass die Blüten innen liegen.
6. Ziehen an den zwei Enden des Bändchens, und das Säckchen zieht sich zusammen. Verschließe es mit einer Schleife.
7. Lege dein Lavendelsäckchen zwischen die Wäsche oder hänge es am Kopfende des Betts auf. Das duftet herrlich und macht gleichzeitig zufrieden und müde.

Signhilds Tulpenzwiebeln

Peterssons Nachbarin Signhild bereitet ihren Garten im Herbst fürs nächste Frühjahr vor. Damit Tulpen dann für bunte Farbtupfer sorgen, pflanzt sie frische Zwiebeln zwischen Ende September und Mitte November vor dem ersten Frost.

Du brauchst:

- große, feste und möglichst frische Tulpenzwiebeln aus der Gärtnerei oder dem Baumarkt
- einen sonnigen Standort und einen durchlässigen Boden
- kleine Schaufel
- Blumenerde
- eventuell etwas Sand

So geht's:

1. Lockere den Boden mit einer Schaufel.
2. Hebe die Pflanzlöcher aus. Setze die Zwiebeln so tief, dass sie mit doppelt so viel Erde bedeckt sind, wie sie hoch sind. Lasse zwischen den einzelnen Zwiebeln einen Abstand von etwa 15 Zentimetern.
3. Damit die Tulpenzwiebeln nicht faulen, musst du für einen guten Wasserabzug sorgen. Ist der Boden wenig durchlässig, weil er zum Beispiel lehm- oder tonhaltig ist, mische ihn mit ein bisschen Sand. Das sorgt dafür, dass das Wasser sich nicht staut.
4. Fülle Blumenerde in die Pflanzlöcher. Dadurch wachsen die Wurzeln besser in die Erde ein. Dann einmal gießen und auch im Winter darauf achten, dass die Erde nicht zu trocken wird.

Tulpenzwiebeln treiben schneller aus, wenn du sie richtig herum einpflanzt. Oben ist da, wo die Zwiebel spitz zuläuft.

Im Topf kannst du die Zwiebeln näher aneinandersetzen.

Herbstlicher Spiel- und Bastelspaß

Warmes Licht, bunte Bäume und jede Menge Laub, das langsam von den Ästen rieselt – Findus liebt es, im Herbst durch die Natur zu stromern. Es gibt draußen jede Menge tolle Spiele, und alles, was du zum Basteln brauchst, findest du draußen in deiner Umgebung.

Blätter raten

Du brauchst:

- Garten, Park oder Wald
- Blätter von verschiedenen Bäumen oder Sträuchern
- Korb
- Tuch
- Mitspielerinnen und Mitspieler

So geht's:

1. Sammelt dort, wo ihr spielt, ganz viele verschiedene Blätter von verschiedenen Bäumen oder Sträuchern, legt sie in den Korb und deckt ihn ab.
2. Macht aus, wie viele Runden gespielt werden.
3. Jedes Kind zieht blind ein Blatt aus dem Korb und legt es vor sich.
4. Auf ein Startsignal sucht ihr die Pflanze auf, von der das Blatt stammt, und bleibt dort stehen. Wer als Erster an der Pflanze ist, bekommt einen Punkt.
5. Siegerin oder Sieger ist, wer am Ende die meisten Punkte hat.

Beim **Zapfenwerfen** bekommt jeder fünf Tannenzapfen. Alle stellen sich fünf große Schritte von einem großen Baum entfernt auf und zielen mit den Tannenzapfen auf den Stamm. Wer landet die meisten Treffer?

Pfützen sind ganz kleine Gewässer. Trotzdem kann in ihnen jede Menge Leben sein. Im Wald, am Feldrand oder auf Wiesen steht das Wasser manchmal wochenlang. Hast du eine Becherlupe wie auf Seite 67? Dann untersuche damit mal eine Pfütze. Wenige Stunden nachdem sie entstanden ist, leben hier nämlich winzige Einzeller. Einige Tage später gibt es Flohkrebse und Insektenlarven. In richtig großen Pfützen laichen sogar manchmal Gelbbauchunken und Kreuzkröten.

Herbstschmuck

Du brauchst:

- Zeitungspapier
- Nähgarn oder dünne Schnur
- Schere
- dicke Nähnadel
- Bohnenkerne, Hagebutten, Eichelhütchen, Kürbiskerne, Haselnüsse, Kastanien o.Ä.

So geht's:

1. Wasche deine Naturmaterialien gründlich und lasse sie über Nacht an der Heizung auf Zeitungspapier trocknen.
2. Schneide ein Stück Schnur oder Garn so ab, dass es über deinen Kopf passt.
3. Fädele die Schnur oder das Garn in die Nähnadel ein.
4. Nun kannst du die Dinge aus der Natur in einer Reihenfolge, die dir gefällt, auffädeln.
5. Wenn das Band voll ist, verknote es.

Für Eicheln und Kastanien brauchst du vielleicht einen Kastanienbohrer. Lass dir von Erwachsenen helfen.

Viele Nüsse und ein Baum

Findus meint, dass der Herbst die beste Zeit ist, um tolle Sachen in der Natur zu sammeln. Im Wald muss er fast aufpassen, nicht über die Kastanien, Eicheln und Bucheckern zu stolpern, so zahlreich liegen die Früchte auf dem Boden. Und die Nüsse an den Haselnuss- und Walnusssträuchern kann Findus pflücken, wenn er sich ein bisschen streckt.

Eine **Nuss** ist eine Frucht. Der Kern wird von einer harten und holzigen Schale umschlossen. Nüsse sind unglaublich gesund. Eine Handvoll am Tag, ungesalzen und ungezuckert, gibt dir Energie und liefert deinem Körper wichtige Vitamine und Mineralstoffe. Auch Vögel, Mäuse, Eichhörnchen, Insekten und viele andere Tiere fressen gern Nüsse.

Entferne bei frischen Walnüssen die weiße Haut um die Frucht, die ist nämlich bitter. **Walnüsse** sind mit die gesündesten Nüsse von allen und sollen sogar vor einigen Krankheiten schützen.

Dein Walnussbaum

Wenn du ein paar Walnüsse übrig hast, versuche, daraus Bäume zu ziehen. Sie keimen relativ einfach, allerdings dauert es manchmal bis zu 30 Jahre, bis selbst gezogene Walnussbäume Nüsse tragen. Du brauchst also ziemlich viel Geduld, bis ein großer Baum gewachsen ist. Spaß macht das Anpflanzen trotzdem.

Du brauchst:

- ein paar ungeknackte Walnüsse
- Pflanzgefäß mit mindestens 40 Zentimeter Tiefe
- Anzuchterde

So geht's:

1. Fülle die Anzuchterde in das Gefäß.
2. Setze die Walnüsse fünf Zentimeter tief mit der Spitze nach unten hinein und bedecke sie mit Erde.
3. Stelle das Gefäß auf den Balkon oder in den kühlen Keller.
4. Regelmäßig bis zum nächsten Jahr gießen.
5. Wenn dein Walnussbaum im April keimt, kannst du ihn an eine geeignete Stelle im Garten pflanzen. Achte dabei auf den richtigen Standort. Die Walnuss ist ein Einzelgänger und braucht viel Platz: Der Baum entwickelt nach einigen Jahrzehnten Baumkronen von bis zu 12 Metern Durchmesser.

Wenn es schneller gehen soll: Veredelte Walnüsse aus der Gärtnerei tragen schon nach drei bis vier Jahren Früchte.

Regenwürmer, Schnecken und ein Terrarium

Findus findet Marienkäfer hübscher als Regenwürmer oder Schnecken. Aber Pettersson erklärt dem kleinen Kater, wie wichtig diese Tiere für die Natur sind – auch wenn der alte Mann im Garten auch nicht unbedingt Schnecken haben möchte. Die zupft er dann von seinem Salat ab und setzt sie an den Feldrand.

Der **Regenwurm** gräbt die Erde um, frisst ununterbrochen altes Laub und düngt mit seinem nährstoffreichen Kot den Boden. Für Pflanzen lockert er die Erde auf und sorgt dafür, dass sich keine Nässe im Boden staut. Er ist also eigentlich der allerbeste Gärtner der Welt!

Wenn es kalt wird, verziehen sich die Würmer unter die Erde und verfallen unterhalb von Steinen oder Baumstümpfen in eine **Ruhestarre**. Dafür rollen sie sich wie ein Knäuel zusammen. Auch die kleinen Würmchen liegen in ihren **Kokons** – eine Art Eier, in denen sie sich entwickeln können – so tief im Boden, dass sie bis zum Frühling geschützt sind und dann in Ruhe schlüpfen können.

Wenn wir Felder und Gärten anlegen, greifen wir in die Natur ein. Hier vermehren sich Schnecken schnell, weil sie viel zum Fressen finden und keine natürlichen Feinde haben. Die **Weinbergschnecke** oder der **Schnegel** hingegen, die sich von Pflanzenresten ernähren, räumen dadurch im Garten auf. Einige von ihnen stehen unter Naturschutz.

Findus' Schnecken-Terrarium

Schnecken und ihre Eier dienen vielen Tieren als Nahrung.

Du brauchst:

- großes Einmachglas oder ähnliches durchsichtiges Gefäß
- Frischhaltefolie
- Gummiband
- Gartenerde
- Obst- und Gemüseabfälle, welkes Laub, ein bisschen Moos
- mit Flechten bewachsene Zweige von alten Bäumen oder Baumrinde
- kleine Schaufel
- ein paar Schnecken

So geht's:

1. Fülle das Glas etwa zehn Zentimeter hoch mit feuchter Erde.
2. Obendrauf legst du Abfälle, Blätter und Moos.
3. Zweige oder Baumrinde dienen als Turngeräte, sonst klettern die Schnecken nur an der Wand vom Glas.
4. Grabe im Garten, in einem Beet oder im Wald vorsichtig mit einer kleinen Schaufel in der Erde oder sieh auf Pflanzenblättern nach. Wenn es geregnet hat, wirst du schnell ein paar Schnecken finden. Nimm sie vorsichtig mit der Schaufel hoch und setze sie in das Terrarium.
5. Mache in die Frischhaltefolie kleine Luftlöcher. Spanne sie mit dem Gummiband über das Terrarium.
6. Decke das Terrarium ab und stelle es an einen kühlen Ort, zum Beispiel im Keller.
7. Wenn du ganz viel beobachtet hast, setze die Schnecken wieder in der Natur aus.

Garten- und Balkonarbeit im Herbst

Das ganze Jahr über haben Pettersson und Findus das Grün in ihrem Garten genossen. Nun im Herbst gibt es für die beiden einiges zu tun. Sie bereiten ihr bunt gefärbtes Gartenreich auf die kalten und frostigen Monate vor.

Riesige Teppiche in Pink und Lila überziehen hügelige Landschaften: Im Herbst blüht die **Heide**. Viele Touristen fahren dann nach Norddeutschland, um die Krautgewächse, die dicht am Boden wachsen, in der Sonne erstrahlen zu sehen. Weltweit gibt es mehr als 4000 Heidearten.

Da Heide nicht besonders viel Pflege benötigt, sondern lediglich einen **kalkfreien Boden**, möglichst viel Sonne und ausreichend Wasser, kannst du sie im Herbst gut ins Beet oder in Töpfe pflanzen.

Pflanze in Beeten oder auf dem Balkon Heide zusammen mit Spätblühern wie Astern, Chrysanthemen oder Alpenveilchen. So finden Nützlinge wie Bienen und Schmetterlinge auch spät im Jahr noch eine Nektarquelle. Verwende außerdem große, tiefe Töpfe und Kästen. Dadurch sind die Wurzeln der Herbstpflanzen vor Frost geschützt. Die Blumen blühen manchmal sogar bis in den Dezember.

Es sieht schön aus, wenn die bunten Blätter von den Ästen heruntersegeln. Für viele Tiere bietet am Boden liegendes Laub Schutz. Es wärmt, und der Boden gefriert nicht so schnell. So können Insekten und Kleintiere darin überleben. Auch Igel verkriechen sich gern zwischen den schützenden Blättern. Deshalb solltest du lieber nicht einfach so in einen **Laubhaufen** springen.

Diese Dinge sind im Garten oder auf dem Balkon im Herbst zu tun:

- Obst und Gemüse vor dem ersten Frost ernten
- Samen und Nüsse zum Basteln oder Anzüchten sammeln
- Blumenzwiebeln pflanzen (siehe Seite 87)
- Kübel mit Pflanzen ins Haus holen
- empfindliche und junge Pflanzen »einpacken« (im Gartencenter findest du Verpackungsmaterialien wie Kokosmatten oder Jutestoff)
- Rasen mähen (nur mit einer oder einem Erwachsenen)
- immer wieder gießen, bevor der erste Frost kommt

Äpfel und Drachen

Im Herbst lässt Findus sich gern mit einem knackigen Apfel von Petterssons Apfelbaum den Wind um die Katernase wehen. Auf dem Feld neben Petterssons Hof ist nun die beste Zeit, um den Drachen steigen zu lassen, den Pettersson für den kleinen Kater gebaut hat.

Klar, Äpfel gibt es bei uns das ganze Jahr. Aber die meisten, die du im Frühling und im Sommer isst, werden über das Jahr gelagert und gekühlt. Das bedeutet: Nur im Herbst kommen sie direkt vom Baum! Diese Früchte heißen »**neue Ernte**«. Halte beim Apfelkauf danach Ausschau, denn das sind meistens die leckersten Äpfel überhaupt.

Wenn du selbst Äpfel vom Baum pflückst, dürfen die Knospen bei der **Ernte** nicht beschädigt werden. Deshalb solltest du die Früchte möglichst nicht abreißen, sondern vom Baum abdrehen. Hierzu drückst du den Stiel vorsichtig nach oben und drehst den Apfel ab.

Findus' kleiner Herbstdrachen

Du brauchst:

- DIN-A4-Papier
- einige Meter festes Garn
- Krepppapier
- Nähnadel
- bunte Stifte oder Wasserfarbe
- Schere
- Lineal
- Bleistift
- Klebstoff

So geht's:

1. Male mit dem Bleistift ein Rechteck in der Größe 12 × 16 Zentimeter auf das Papier. In das Rechteck zeichnest du mit dem Lineal den Umriss des Drachens und schneidest ihn mit der Schere aus.
2. Male den Drachen mit bunten Farben an und gib ihm ein lustiges Gesicht – am besten mit einem schwarzen Filzstift.
3. Schneide zwei 1 Zentimeter breite Papierstreifen aus, von denen einer 12 Zentimeter und der andere 16 Zentimeter lang ist. Falte und knicke beide Streifen der Länge nach. Dann schneide sie in der Mitte ein und stecke sie ineinander.
4. Klebe den längeren Papierstreifen auf die Längsachse des Drachens und den kürzeren Streifen senkrecht dazu. Die überstehenden Enden von beiden Streifen schneidest du ab.
5. Fädele ein Stück Garn, das etwa 80 Zentimeter lang ist, durch das Hinterteil des Drachens und knote es vorsichtig fest.
6. Schneide kleine Rechtecke in der Größe 2 × 5 Zentimeter aus dem bunten Krepppapier aus. Falte sie zu Ziehharmonikas und knote sie an die Drachenschnur, die mindestens einen Meter lang sein sollte.
7. Knote den fertigen Drachenschwanz an der unteren Spitze des Drachens hinten an den angeklebten Papierstreifen. Und nun ab in den Wind damit!

Der Winter

Der Winter

Zum Winter gehören die Monate **Dezember**, **Januar** und **Februar**.

Eine dicke Schneedecke liegt über den Gemüsebeeten, und von Petterssons Dach hängen große Eiszapfen herunter. Im Winter ruht der Garten – zumindest meistens. In dieser Jahreszeit kann man es sich am warmen Kaminfeuer gemütlich machen, lustige Schneekatzen bauen oder mit Skiern die Hügel hinuntersausen.

Der **Dezember** ist der zwölfte und letzte Monat im Jahr. An seinem letzten Tag, dem 31.12., feiern wir Silvester. In dieser Nacht beginnt um null Uhr das neue Jahr.

Nikolaus, Advent, Weihnachten, Silvester – der Dezember ist ein Monat mit vielen Festen. Bei Pettersson und Findus in Schweden wird am 13. Dezember das **Luciafest** gefeiert. Es ist der heiligen Lucia gewidmet und wird auch Lichterfest genannt. Die Mädchen ziehen sich weiße Nachthemden an, die Jungen tragen rote Kleidung und eine rote Mütze. Meistens wird eines der Mädchen zur Lucia gewählt. Zusammen ziehen die Kinder von Haus zu Haus, singen schöne Lieder und lesen kurze Gedichte vor.

Wenn es im Winter sehr kalt ist, gibt es Eis und Schnee. Beides besteht aus gefrorenem Wasser. Wenn die Wassertropfen in den Wolken gefrieren, entstehen sechseckige **Kristalle**, die sich verbinden und als Schneeflocken zu Boden fallen. Damit der Schnee liegen bleibt, darf die Temperatur höchstens null Grad Celsius sein.

Bei **Kälte** versucht unser Körper, das warme Blut in der Nähe des Herzens und der anderen lebenswichtigen Organe in der Körpermitte zu halten. Hände, Füße und Nasen werden also schneller kalt. Und wenn uns zu lange kalt ist, können wir eher krank werden. Außerdem macht die viele Heizungsluft im Winter unsere Nasenschleimhaut trocken. Sie kann nicht mehr so gut Viren und Bakterien davon abhalten, in den Körper einzudringen. Deshalb ziehe dich im Winter warm an und bewege dich viel an der frischen Luft.

Auch für Pflanzen und Tiere ist es im Winter das Wichtigste, dass sie nicht **erfrieren**. Welche Tricks sie dafür anwenden und was du für deine Pflanzen vor der kalten Jahreszeit tun solltest, liest du auf den nächsten Seiten.

Tiere im Winter

An verschneiten Wintertagen kann man gut nach Tierspuren suchen, denn im Schnee sind die Abdrücke von Hufen, Pfoten oder Tatzen besonders deutlich zu sehen. Folge ihnen doch mal, um herauszufinden, was die Tiere im Winter so machen. Vielleicht entdeckst du sogar die Spuren von Gustavssons Hund Harpo ...

Sinkende Temperaturen, Frost, kaum Nahrung, wenig Sonne und Licht. Der Winter stellt die Tiere vor besondere **Herausforderungen**. Ob wegfliegen, schlafen oder in eine Starre verfallen: Die Tiere haben verschiedene Tricks entwickelt, um den Winter zu überstehen.

Siebenschläfer, Fledermäuse, Hamster oder Murmeltiere sind echte **Winterschläfer**. Sie leben von dem Fettpolster, das sie sich vorher im Herbst angefuttert haben. Während sie schlafen, fressen sie gar nichts. Das können sie, weil sie ihre Körpertemperatur stark absenken. Ihr Herzschlag wird ganz langsam. Dadurch verbrauchen sie nur wenig Energie, denn sie wechseln nur ab und zu ihre Schlafposition.

Nicht alle Tiere werden träge und müde in der kalten Jahreszeit. Rehe, Hirsche, Füchse, Wildschweine und Hasen sind im Gegensatz zu den Winterschläfern sehr aktiv und bewegen sich viel. Damit ihnen nicht kalt wird, legen sie sich ein Winterfell zu. Der **Schneehase** passt seine Fellfarbe sogar der Umgebung an. So ist er für Fressfeinde im Schnee fast unsichtbar.

Die **Fische** in den Teichen und Seen suchen schon im Herbst gute Verstecke, denn sie werden im Winter müde. Sie sind **wechselwarme Tiere**, das heißt, sie passen ihre Körpertemperatur der Umgebung an. Wenn es kühler wird, sinkt die Temperatur des Bluts der Fische. Sie werden ganz ruhig und verfallen in eine Art Winterstarre, aus der sie erst im Frühjahr wieder erwachen. Auch Amphibien, Reptilien und Insekten machen das so, Herzschlag und Atmung sind dann ganz niedrig.

Fische können nur in Gewässern überwintern, die mindestens eine Tiefe von 80 bis 100 Zentimetern haben, sonst kann das Wasser komplett gefrieren.

Manche **Marienkäfer** suchen nach einer Herberge, in der sie in einen Winterschlaf fallen können. Wenn die Temperaturen unter null Grad sinken, wird aus dem Schlaf bei vielen Arten eine Winterstarre. Wichtig ist, dass das Quartier warm und feucht ist wie in Mauerritzen oder Dachbalken. Wenn du Marienkäfern beim Überwintern helfen willst, lass einen Laubhaufen im Garten liegen. Eine einfache Holzkiste tut es auch.

Marienkäferquartier

Du brauchst:

- etwa 10 × 10 Zentimeter große Holzkiste
- Holzwolle oder Laub
- Bohrer
- Balkonkasten oder Pflanzenkübel

So geht's:

1. Bohre mit der Hilfe einer oder eines Erwachsenen ein paar Einfluglöcher mit einem Durchmesser von etwa 8 Millimetern in die Kiste.
2. Lege das Innere mit Holzwolle oder Laub aus.
3. Stelle die Kiste erhöht in einem Balkonkasten oder Pflanzenkübel auf, am besten unter einem Dach, um die Insekten vor Regen zu schützen.

Nur mit der Hilfe von Erwachsenen

Die Kälte austricksen

Dem alten Pettersson macht es gar nichts aus, wenn es im Winter richtig kalt ist, denn er hat einen guten Trick gegen Kälte. Er zieht einfach ganz viele dünne Kleidungsschichten übereinander an – wie eine Zwiebel. Zwischen den Kleidungsstücken bildet sich nämlich eine isolierende Schicht, die dafür sorgt, dass Pettersson nicht friert. Außerdem trägt er draußen eine Mütze auf dem Kopf. Denn im Gesicht und auf der Kopfhaut sitzen besonders viele empfindliche Nerven, durch die man Kälte besonders spürt. Auch Pflanzen haben besondere Tricks, um sich im Winter zu schützen.

Das Wichtigste für Pflanzen im Winter ist es, nicht zu erfrieren. Bei Sonnenblumen, Kornblumen oder Ringelblumen überleben nur die Nachkommen, also die **Samen**. Sie fallen nach der Blüte auf die Erde und müssen dort den Winter überstehen. Das schaffen sie ohne Probleme, denn sie sind hart und enthalten kaum Wasser. Deshalb kann ihnen Frost nichts anhaben. Denn wo kein Wasser ist, kann auch nichts gefrieren. Im Frühjahr treiben sie aus, und es entstehen neue Blumen.

Sonnenblume

Kornblume

Ringelblume

Frühblüher wie Narzissen, Krokusse und Tulpen sind schon im Frühjahr verblüht und im Sommer ganz verschwunden. Alle Nährstoffe, die sie brauchen, um im Frühling wieder zu wachsen, speichern sie den Winter über in ihren **Wurzelknollen** unter der Erde. Erst wenn die Sonne den Boden wieder erwärmt, wächst aus der Knolle ein neuer Keimling.

Bevor der Baum seine Blätter im Herbst abwirft, entzieht er ihnen alle Nährstoffe. Diese lagert er ein. Darin enthalten ist **Zucker**. Und der hindert das Wasser im Baum daran, zu gefrieren. Der Zucker ist also so etwas wie ein natürliches Frostschutzmittel. Außerdem ist zwischen Rinde und Stamm kein Wasser, das gefrieren könnte, sondern hier sitzen viele kleine Luftpolster. Diese Polster sind für den Stamm wie eine dicke Daunenjacke, die ihn vor Kälte schützt.

Manche südländische Pflanzen und Samen sind nicht winterhart. Du solltest immer auf die Beschreibung auf der Packung schauen, ob sie den Winter draußen überstehen.

Nicht nur Pflanzen müssen vor Frost geschützt werden, sondern auch die Wasserleitungen und Behälter. Da, wo Wasser im Innern gefriert, bildet sich ein hoher Druck, und Schläuche, Gießkannen oder Gefäße können platzen. Räume diese Dinge am besten in den Keller oder einen Schuppen und stelle Wasserleitungen ab.

Frostige Zeiten

Bevor es das erste Mal Frost gibt, geht Pettersson durch seinen Garten und überprüft, was er tun muss, damit alle Pflanzen geschützt sind. Zum Glück hat er in seinem Schuppen genug Platz, um dort allerlei Dinge unterzubringen. Und die kleinen Mucklas freuen sich, wenn sie auf Pflanztöpfen und Gießkannen herumturnen können.

Auch du solltest alles draußen auf dem Balkon, der Terrasse oder im Garten fit für den Winter machen:

- Alle Pflanzen, die aus richtig warmen Regionen stammen, musst du in Kübeln ins Haus bringen, und zwar an einen hellen Ort. Der Schuppen oder Keller ist hier also keine gute Idee.
- Beeren kannst du so stehen lassen, wie sie sind. Lass aber ruhig im Herbst schon das Laub auf dem Beerenbeet liegen. Es dient als Dämmschicht und schützt die Wurzeln. Auch in Kübeln gepflanzte Beeren sollten draußen überwintern, im Haus können sie Schädlinge und Krankheiten bekommen.
- Kräuter wie Rosmarin oder Thymian, Lavendel und Rosen vertragen zwar ein paar frostige Nächte, sollten aber einen Winterschutz bekommen.

Auch deine **Gartengeräte** wie Harke, Schaufeln, Spaten und was du sonst noch so hast, solltest du im Winter sauber machen und ordentlich wegräumen.

Winterschutz für Pflanzen

Du brauchst:

- Filz- und Bambusmatten, Jutesäcke oder Jutefleece (gibt's im Gartencenter)
- Luftpolsterfolie
- Holzwolle
- Laub
- Zeitungspapier

So geht's:

1. Rücke deine Pflanzen dicht an die Hauswand. Die Wand strahlt Wärme ab.
2. Stelle die Töpfe auf eine dicke Lage Zeitungspapier.
3. Umwickele die Pflanzen locker mit Jutesäcken oder Jutefleece.
4. Die Luftpolsterfolie wickelst du als Kälteschutz um die Töpfe.
5. Das Laub aus dem Garten oder die Holzwolle kannst du als Dämmschicht zwischen Jutesack und Kübel schieben.

Du kannst die Kübel auch auf Styroporplatten stellen, damit sie vor dem kalten Boden geschützt sind.

Mit Reisig, Schilfmatten und Herbstlaub machst du Pflanzen im Beet **winterfest**: Einfach die Beete damit abdecken. Die Luftschicht, die dadurch entsteht, isoliert und schützt die Pflanzen vor der Winterkälte.

Wintergemüse

Klar, in Petterssons Gemüsebeet ist im Winter nicht ganz so viel los wie in den anderen Jahreszeiten. Aber der ein oder andere Kohlkopf und Salat lässt sich schon blicken. Und einige Gemüsesorten können sogar im Winter komplett einfrieren und dann wieder auftauen, ohne Schaden zu nehmen.

Ganz viele **Kohlsorten** wie Rotkohl, Grünkohl, Chinakohl, Rosenkohl oder Wirsing mögen die kalte Jahreszeit und werden jetzt geerntet. Aber auch Karotten, Kohlrabi und bestimmte Apfel- und Birnensorten kannst du im Winter aus der Region kaufen. Frühlingszwiebeln erntet man das ganze Jahr, also auch im Winter – auch wenn du es bei dem Namen vielleicht nicht denken würdest. Feldsalat, Asiasalat und Postelein sind Salatsorten, die den Winter gut überstehen.

Rotkohl

Chinakohl

Feldsalat

Kräuter kannst du in der kalten Jahreszeit auf der Fensterbank ziehen. Verschiedene Samen findest du im Gartencenter. Aber es gibt auch jede Menge **Wildkräuter**, die nun draußen geerntet werden können: Sie haben so lustige Namen wie Pfennigkraut, Ehrenpreis, Taubnessel oder Gundermann.

Sammle Wildkräuter immer mit jemandem, der sich richtig gut auskennt. Viele von ihnen sind giftig!

Nachwachsendes Wurzelgemüse

Beim Gärtnern musst du vor allem darauf achten, dass Pflanzen genug Wärme und Licht bekommen. Und wo gibt es davon im Winter am meisten? Genau, in der Wohnung. Du brauchst also nur eine freie Fensterbank an einem Fenster, das nach Süden zeigt. Dazu Pflanztöpfe oder Kästen, Erde und Samen.

Du brauchst:

- Reste von Pastinaken, Möhren, Knollensellerie oder Rettich (gut klappt es mit Bundmöhren mit Grün)
- Schälchen
- Wasser
- Töpfe
- Anzuchterde

Verwende nur Gemüsereste, die keinen Schimmel und keine schlechte Stellen haben.

So geht's:

1. Schneide die Wurzel unter dem Blattansatz rund vier Zentimeter lang ab.
2. Lege die Wurzelstücke mit dem Strunk aufrecht ins Wasser.
3. Wechsle das Wasser jeden Tag. Schnell beginnen die Blätter erneut zu wachsen.
4. Während das Blattgrün wächst, bildet das verbliebene Wurzelstück feine Haarwurzeln aus. Das dauert ungefähr zwei Wochen.
5. Sobald diese zu sehen sind, setzt du die Pflanze in die Erde.
6. Die Erde weiterhin gleichmäßig feucht halten. Aber nicht zu viel – wird es zu nass, kann cein Gemüse schimmeln.

Das Gemüse wächst nicht so gut wie im Beet. Aber sehr schnell kannst du das Blattgrün zum Beispiel für Suppen oder Smoothies benutzen.

Futter für die Vögel

Bei Pettersson und Findus in Schweden wird es im Winter richtig kalt. Die Vögel finden nur wenig zu fressen. Zum Glück kennt Pettersson ein tolles Rezept für Vogelfutter. Und Findus macht es großen Spaß, daraus Knödel zu rollen, die er dann im Garten aufhängt.

Meisenknödel

Auch in Deutschland gibt es viele Gegenden, wo Vögel im Winter nicht ausreichend Futter finden. Weil zu wenig Hecken und Sträucher da sind, die Früchte tragen. Oder weil viele Gärten so aufgeräumt sind, dass darin nichts Fressbares wächst. Darum sind die Vögel froh, wenn man ihnen Nahrung bereitstellt. Und du kannst jeden Tag von deinem Fenster aus beobachten, wie sie deine selbst gemachte Leckerei genießen.

Du brauchst:

- 50 g Sonnenblumenkerne mit Schale
- 20 g Sonnenblumenkerne ohne Schale
- 30 g Erdnüsse, ungesalzen
- 30 g Leinsamen
- 20 g Haferflocken
- 150 g Bio-Schweinefett vom Metzger (oder Kokosfett)
- etwas Sonnenblumenöl
- kleines Stöckchen
- Schnur zum Aufhängen

So geht's:

1. Schmelze das Fett vorsichtig in einem Topf. Es darf nicht sieden, sondern soll nur geschmolzen sein.
2. Rühre bis auf einen kleinen Rest die Körnermischung unter und gib etwas Sonnenblumenöl dazu.
3. Lass unter Rühren die Masse abkühlen, bis ein weicher Teig entsteht.
4. Forme mit den Händen eine Kugel. Arbeite das kleine Stöckchen so in die Kugel ein, dass daran eine Schnur zum Aufhängen befestigt werden kann.
5. Rolle den Knödel in den restlichen Körnern und lass ihn abkühlen.
6. Hänge den Futterknödel auf dem Balkon oder im Garten auf.

Achte darauf, dass du die Knödel regelmäßig auswechselst, und hänge sie an einen trockenen Platz.

Einige Vögel wie der **Zaunkönig** oder das **Rotkehlchen** kommen mit Körnern nicht zurecht. Um auch für sie Leckerbissen anzubieten, arbeite ein paar getrocknete Beeren oder Rosinen in den Knödel ein.

Amseln mögen gerne Beeren. Im Winter siehst du oft, wie sie von kahlen Sträuchern die letzten Beeren abpicken. Auch unter Apfelbäumen fressen sie kleine Stückchen von dem Fallobst. Deshalb lass im Garten immer ein paar Beeren am Strauch oder Äpfel am Baum.

Damit den Vögeln bei uns nicht kalt wird, **plustern** sie sich auf. So entstehen zwischen den Federn kleine Luftpolster, die warm halten. Vogelfüße sind immer kalt, denn das warme Blut aus dem Herzen kühlt auf dem Weg durch die dünnen Beinchen stark ab. Und das kalte Blut aus den Füßen fließt zurück zum Herzen, wo es wieder erwärmt wird. Deshalb ist der Körper des Vogels schön warm, obwohl er kalte Füße hat.

Winterspaß und heiße Schokolade

Ist doch gar nicht so schlimm, wenn es draußen mal ein bisschen ungemütlich ist: Einfach warm und kuschelig anziehen, eine Mütze aufsetzen, und dann geht's ab in die Kälte. Und wenn es dunkel wird, kann man sich ja mit einer heißen Schokolade an Petterssons Ofen wieder aufwärmen.

Eiskunstwerke

Du brauchst:

- verschiedene Förmchen
- Kräuter, Blüte, Kastanie, Ästchen, Blatt oder was dir sonst so einfällt
- evtl. Bindfaden
- Temperaturen unter null Grad

So geht's:

1. Lege den Gegenstand ins Förmchen. Fülle dann das Förmchen mit Wasser auf.
2. Trage es vorsichtig nach draußen und lege am oberen Ende einen Bindfaden hinein, sofern du es später aufhängen möchtest.
3. Hole das Förmchen am nächsten Tag herein und wärme es ein bisschen mit den Händen, damit du das Eis daraus lösen kannst.
4. Suche für dein Kunstwerk eine schöne Stelle im Garten oder auf dem Balkon.

Du kannst auch einen tiefen Teller für deine Eiskunst nehmen.

Lege dich mit ausgestreckten Beinen, die Arme eng am Körper, auf dem Rücken in den frisch gefallenen Schnee. Bewege Arme und Beine zur Seite und auf und ab. Stehe danach vorsichtig auf. Im Schnee ist nun der Abdruck von einem **Schneeengel**. Bekommst du einen Kater hin?

Seid ihr gute **Spurenleser**? Ihr benötigt nur einige Gegenstände. Das können Sachen aus der Natur wie Äste, Kastanien, Eicheln sein, aber auch Spielsachen, Teller, Löffel oder andere Dinge. Auf einer Wiese mit Schnee bereitet ein Kind Abdrücke von den Sachen vor. Die anderen Kinder müssen nun nacheinander erraten, welche Spuren mit welchen Gegenständen gemacht wurden.

Beim **Schneeballwerfen** formt ihr einen großen Schneeball und für jedes Kind zwei kleinere, gleich große Schneebälle. Den großen Schneeball legt ihr in einigen Metern Entfernung auf den Boden. Jetzt wirft jedes Kind der Reihe nach einen kleinen Schneeball. Gewonnen hat das Kind, dessen Schneeball nach zwei Runden am dichtesten beim großen Schneeball liegt.

Findus' heiße Schokolade

Auch lecker mit Hafermilch!

Du brauchst für 2 Becher:

- 30 g dunkle Schokolade (mit mindestens 70 % Kakaoanteil)
- 30 g Vollmilch-schokolade
- 500 ml fettarme Bio-Milch
- ½ Päckchen Bourbon-Vanillezucker
- Prise Zimt (wer mag)
- Messer
- Schneidebrett
- Kochlöffel
- Kochtopf

So geht's:

1. Hacke beide Schokoladensorten auf dem Brett klein. Sei dabei vorsichtig oder lass dir helfen.
2. Erhitze die Milch unter Rühren zusammen mit dem Vanillezucker und dem Zimt. Sobald die Milch aufkocht, schnell vom Herd ziehen.
3. Gib die Schokolade in die Milch und lasse sie unter Rühren schmelzen. Sofort in die Becher gießen und genießen.

Ein Zuhause für den Igel

Wenn Pettersson in seinem Garten das Laub zusammenharkt, kann es vorkommen, dass sich ein Laubhügel auf einmal bewegt und ein kleiner Igel darunter zum Vorschein kommt. Dann macht Pettersson dem Tier eine Ecke zurecht, in der es sich wohlfühlt. Denn Gärten sind für Igel wichtige Lebensräume.

Um gut durch den Winter zu kommen, muss der Igel sich im Herbst ein ordentliches Gewicht anfressen, denn ab Oktober wird die Nahrung knapp. Spätestens bei längerem Bodenfrost sucht das Tier sein Winterquartier auf, in dem es einen langen **Winterschlaf** hält. Währenddessen sind sein Herzschlag, die Atmung und die Körpertemperatur auf das Nötigste vermindert, damit der Igel keine Energie verschwendet.

Igel überwintern gern in Laubhaufen mit Reisigresten, aber auch in Hecken und Büschen. Deshalb helfen ihnen Gärten und Parks, die natürlich angelegt sind. Verteile zusammengeharktes Laub unter Sträuchern oder lege kleine Ästchen, Zweige und Laub auf einen Haufen.

Weil die Igel bis weit ins Frühjahr hinein schlafen, darfst du einmal geschaffene Unterschlupfe nicht mehr umsetzen oder woandershin schichten. Denn die Tiere reagieren nicht auf Störungen und können nicht fliehen. Sei außerdem im Winter immer besonders vorsichtig bei den Gartenarbeiten – eingerollte Igel sind schwer zu sehen.

Der Igel frisst Insekten, Nacktschnecken und Kröten, aber auch Aas. Durch das Insektensterben findet er immer weniger **Nahrung**. Wenn du den neuen Mitbewohner füttern möchtest, gib ihm Katzenfutter mit hohem Fleischanteil ohne Obst- und Gemüsezusätze auf einen Tonteller und stelle diesen auf den Boden. Keine Küchenabfälle, Nüsse oder Obst hinlegen. Und sei vorsichtig mit Milch – die vertragen Igel nicht. Stelle dem Igel stattdessen immer eine Schale mit frischem Wasser hin.

Kranke Tiere erkennst du daran, dass sie tagsüber Futter suchen, in der Gegend herumlaufen oder herumliegen. Auch **Igeljunge**, die du außerhalb des Nestes findest, brauchen Hilfe. Am besten wendest du dich an einen Tierarzt oder eine Igelstation. Die Adressen findest du im Internet.

Adventsorange und Avocadobäumchen

Bei Pettersson und Findus gibt es in der Adventszeit auf der Fensterbank einen ganz besonderen Adventskalender. Das Tolle daran ist nämlich, dass er einen wunderbar weihnachtlichen Duft verbreitet ... Ob davon Findus' kleines Avocadobäumchen auch besser wächst?

Adventsorange

Du brauchst:

- Orange
- Kuchengabel
- Messer
- Nelken in Bio-Qualität
- Teller

So geht's:

1. Pike am 30. November mit der Spitze einer Kuchengabel vorsichtig 24 ganz kleine Löcher in die Orangenschale. Wenn du magst, kannst du mit dem Messer ein Muster in die Orangenhaut schälen. Lass dir dabei helfen.
2. Nimm 24 Nelken und stecke sie in die Löcher.
3. Lege deine Orange auf einen Teller und stelle ihn auf die Fensterbank.
4. Entferne ab dem 1. Dezember jeden Tag eine der Nelken. Und wenn du alle Nelken aus der Orange gezogen hast, ist Heiligabend.

Findus' Avocadobäumchen

Du brauchst:

- Avocadokern
- scharfes Messer
- Küchenkrepp
- Wasser
- Gefrierbeutel
- Flasche oder Vase mit Hals
- ein bisschen Geduld

So geht's:

1. Mache den Avocadokern gründlich sauber und entferne dann die Schale.
2. Befeuchte nun den Küchenkrepp mit Wasser, wickele den Kern darin ein und gib ihn in den Gefrierbeutel. Verschließe den Beutel sorgfältig. Der Küchenkrepp muss immer feucht bleiben. Schaue deshalb regelmäßig nach dem Kern.
3. Lege den Beutel an einen dunklen, möglichst warmen und trockenen Ort. Der Kern spaltet sich nach einigen Tagen auf, nach etwa zwei Wochen zeigt sich der erste Keim. Und nach weiteren Wochen bilden sich erste Wurzeln.
4. Wenn dein Kern Wurzeln hat, stellst du ihn auf einen Flaschen- oder Vasenhals, sodass nur die Wurzeln mit Wasser bedeckt sind.
5. Sobald sich richtige Wurzeln und ein grüner Trieb gebildet haben, kannst du deine Avocado in die Erde einpflanzen.

Avocados brauchen Sonne und Wärme. Deshalb schenke ihnen einen Platz am Fenster.

Etwas schneller geht es so, klappt jedoch nicht immer: Fülle einen Blumentopf mit Sand und Blumenerde und drücke den Avocadokern hinein. Etwa ein Drittel sollte noch herausgucken. Stelle den Topf an einen warmen, hellen Ort. Dann gießt du regelmäßig und hältst die Erde feucht. Nach wenigen Wochen bricht ein Trieb aus dem Avocadokern. Eigene Avocados wirst du aus einem Kern eher nicht ernten können, denn bis das Pflänzchen Früchte trägt, dauert es mindestens zehn Jahre. Aber du bekommst dafür eine sehr schöne Zimmerpflanze.

Lussekatter

Isst du auch so gern Vanillekipferl und Zimtsterne? Bei Pettersson und Findus in Schweden gibt es für die Kinder in der Weihnachtszeit und zum Luciafest leckeren Pfefferkuchen und Lussekatter – das bedeutet auf Deutsch so viel wie »Luciakatzen«. Kein Wunder, dass Findus dieses Hefegebäck besonders gern mag.

Petterssons Lussekatter

Du brauchst für 24 Stück:

- 150 ml Milch
- 25 g frische Hefe
- 1 Messerspitze gemahlenen Safran
- 350 g Mehl
- 1 Prise Salz
- 50 g Zucker
- 2 Bio-Eier (Größe M)
- 50 g weiche Butter
- 48 Rosinen (ca. 20 g)
- Mehl für die Hände
- Backpapier

So geht's:

1. Die Milch erwärmen, Hefe hineinbröckeln und auflösen. Safranpulver zufügen. Mehl in eine Schüssel sieben. Mit Salz und Zucker mischen. Ei, Fett und Hefemilch zufügen.
2. Mit den Knethaken des Handrührers zu einem glatten Teig verkneten und zugedeckt eine Stunde gehen lassen.
3. Nochmals mit bemehlten Händen gut durchkneten, zu einer Rolle formen und in 24 gleich große Stücke schneiden. Zu fingerdicken, etwa 18 cm langen Würstchen rollen.
4. Würstchen zu einem Fragezeichen formen, dabei die Enden etwas mehr eindrehen. Auf zwei mit Backpapier ausgelegte Backbleche legen. Noch mal 15 Minuten gehen lassen.
5. Eigelb und 1 EL Wasser verquirlen. Lussekatter damit einpinseln. Eingedrehte Enden mit je einer Rosine belegen, leicht andrücken.
6. Dann nacheinander im vorgeheizten Backofen (E-Herd: 225 °C / Umluft: 200 °C / Gas: Stufe 4) 9–11 Minuten backen. Aus dem Ofen nehmen, auf ein Gitter setzen und auskühlen lassen.

Du möchtest vegane Lussekatter backen? Dann nimm einfach statt der Kuhmilch Mandelmilch und keine Butter, sondern Margarine. Zum Bestreichen des Gebäcks vermischst du 1 EL der Mandelmilch mit 1 EL Pflanzenöl und bepinselst den Teig damit.

O Tannenbaum!

Jedes Jahr kurz vor Weihnachten ziehen Pettersson und Findus los, um sich im Wald einen besonders schönen Baum auszusuchen, den sie zu Hause weihnachtlich schmücken.

Etwa **30 Millionen Weihnachtsbäume** werden bei uns jedes Jahr verkauft. Viele von ihnen werden extra dafür auf Plantagen angepflanzt. Diese schaden dem Boden, nehmen Wildtieren den Lebensraum, und es wird sehr viel Dünger benutzt. Wenn ihr etwas für die Umwelt tun wollt, kauft ihr am besten einen Baum aus der Region. Manche Waldbesitzer und Förster bieten an, dass man gemeinsam im Wald unter Anleitung mit ihnen seinen eigenen Baum schlägt. Das ist nicht nur umweltschonend, sondern auch sehr weihnachtlich und macht richtig viel Spaß. Es gibt auch Weihnachtsbäume im Topf, die nach dem Fest im Garten eingepflanzt werden können.

Um Einmachgläser in **weihnachtliche Lichter** zu verwandeln, brauchst du nur ganz wenige Materialien. Du kannst Geschenkbänder, Paketschnur, Tannengrün, Zimtstangen, Nelken, getrocknete Orangenscheiben, Glitzer, ausgeschnittene Papiersterne und vieles mehr verwenden. Einfach das Glas von innen damit schmücken, eine kleine LED-Lichterkette reinlegen, und schon ist dein Weihnachtslicht fertig. Duftkerzen oder Teelichter gehen natürlich auch, da musst du nur gut aufpassen, dass alles feuersicher ist.

Pompon-Zapfen

Besonders gut gefallen Findus Anhänger mit Dingen, die er in Petterssons Garten gefunden hat. Hast du auch Lust, Weihnachtsschmuck zu basteln? Dann sieh dich in der Natur um. Dort gibt es jede Menge tolle Sachen, die du dafür verwenden kannst. Aus Tannenzapfen kannst du zum Beispiel ganz einfach bunte Anhänger zaubern.

Du brauchst:

- Tannen- oder Kiefernzapfen
- kleine bunte Pompons aus dem Bastelladen
- Klebstoff (am besten geht es mit Heißkleber, dabei musst du dir aber helfen lassen)
- eventuell Farbe und einen Pinsel
- schönes Band zum Aufhängen

So geht's:

1. Male die Tannenzapfen mit der Farbe deiner Wahl an oder lass sie in ihrem Naturton – wie du Lust hast und es schön findest.
2. Falls du die Zapfen anmalst, lasse die Farbe auf der Fensterbank, am besten auf oder über einer Heizung, gut trocknen.
3. Gib vorsichtig einen Tropfen Kleber auf die Zapfenenden. Bei einer Klebepistole lass es die Erwachsene oder den Erwachsenen machen.
4. Klebe die kleinen Pompons auf deine Klebepunkte.
5. Befestige die Zapfen an dem Band, und sie sind fertig zum Aufhängen.

Du kannst die Zapfen auch »falsch herum« aufstellen, dann sehen sie wie ein bunter Miniweihnachtsbaum aus.

Blumen blühen nur im Sommer? Stimmt nicht. Christrose, Azalee, Amaryllis und **Weihnachtsstern** sind typische Weihnachtspflanzen.

Auf in ein neues Jahr

An Silvester kann man wunderbar auf Petterssons Dach sitzen und in den Sternenhimmel schauen. Alles ist ruhig, die Natur ruht sich aus, das Jahr geht zu Ende – bis um Mitternacht ein paar Raketen in die Luft schießen und das neue Gartenjahr beginnt.

Leider kannst du an Silvester nicht auf eine Wiese oder in den Garten gehen und nach Klee suchen. Dafür gibt es aber welchen im Topf, den du kaufen kannst und der den Menschen, denen du ihn schenkst, im neuen Jahr Glück bringen soll. Ab und zu gießen muss sein, wenn die oberste Erdschicht trocken ist, ansonsten braucht der Klee keine besondere Pflege. Sobald kein Frost mehr droht, kannst du den **Glücksklee** im Frühjahr ins Beet oder in den Balkonkasten pflanzen.

Auch der **Glücksbambus**, der in Asien schon seit vielen Hundert Jahren ein Glückssymbol ist, ist pflegeleicht. Er braucht ein Plätzchen mit etwas Sonne und ab und zu Wasser.

Knallbonbons

Ein Feuerwerk sieht wunderschön aus und ist etwas ganz Besonderes. Aber es produziert eine ganze Menge Müll, ist schlecht für die Umwelt, und viele Tiere haben in der Silvesternacht wahnsinnige Angst davor. Du möchtest deine eigenen, umweltfreundlichen Knaller machen? Dann probiere es doch mal mit selbst gemachten Knallbonbons.

Du brauchst für 4 Knallbonbons:

- 4 Klopapierrollen
- Krepppapier in 4 Farben
- Geschenkband
- Bonbons, Glücksbringer, Konfetti oder andere kleine Dinge
- 4 kleine Zettel, auf die du gute Wünsche schreibst
- Pailletten, Glitzer, Sterne
- Schere
- Kleber zum Aufhängen

So geht's:

1. Umwickele die Rollen mit dem Krepppapier. Lass dabei an beiden Enden der Rolle etwa 10 Zentimeter Krepp überstehen.
2. Klebe das Ende vom Krepppapier an der Rolle fest.
3. Binde den Krepp an einer der offenen Seiten mit dem Geschenkband fest zu.
4. Fülle über die noch geöffnete Seite deine Überraschungen in die Rolle und verknote danach auch diese Seite.
5. Verziere dein Bonbon. Du kannst auch die Namen der Menschen draufschreiben, die du beschenken möchtest.

Wenn dir die Knallbonbons nicht laut genug sind, schreibe deine Wünsche für das neue Jahr auf Butterbrottüten, blase diese auf und lasse sie lautstark platzen.

Konfetti kannst du ganz leicht selbst machen. Schnapp dir einfach buntes Papier, einen Locher, und los geht's!

Bildquellen

Illustrationen:

Fotos:

© Shutterstock.com:
Seite 8: Alexander Koss (Pflanze), Seite 10: Abramova Elena (Gartenwerkzeuge), Seite 13: Bobkov Evgeniy (Tanne/Januar), ju_see (Schneeglöckchen/Februar), Kateryna Mashkevych (Hyazinthen/März), tonkid (Osterglocken/April), Ul71 (Apfelblüten/Mai), nnattalli (Holunderblüten/Juni), Nailia Schwarz (Mohnblumen/Juli), David Tadevosian (Äpfel/August), rudan64 (Hagebutten/September), Deyan Georgiev (Walnüsse/Oktober), SakSa (Eiche/November), Volodymyr Plysiuk (Rosenkohl/Dezember), Seite 16: HHelene (Blüte), Anat Chant (Biene), clarst5 (Rotkehlchen), Seite 17: Elena Zajchikova (Blumenzwiebeln), Seite 18: sonnenklang-photo (Krokus), Seite 19: Marinodenisenko (Bärlauch), Alexs KAA_Bregel (Veilchen), Vitalii_Mamchuk (Buschwindröschen), YANA SKIDANENKO (Osterglocken), Seite 20: Lipatova Maryna (Samen), Seite 21: Stig Alenas (Eierkarton), Nekrasov Eugene (Biene), Seite 22: JIANG HONGYAN (Kaninchen), WilleeCole Photography (Reh), Seite 23: Eric Isselee (Vogel), Valt Ahyppo (Kröte), Animaflora PicsStock (Schild), Seite 24: martascz (Kohlrabi), Natali Zakharova (Spinat), Seite 25: mahirart (Spargel), Carina-Foto (Radieschen), Seite 26: clarst5 (Gartenrotschwanz, Rotkehlchen, Kohlmeise, Zilpzalp, Haussperling), WildlifeWorld (Zaunkönig), gopause (Kuckuck), Seite 27: Menno Schaefer (Küstenseeschwalbe), Seite 28: Svitlana Martynova (Ostereier), Seite 29: ER_09 (Osterzweig), Seite 30: Zerbor (Minzetopf), Seite 31: Anne Kramer (Kräuter), Seite 32: Peter Zijlstra (Schwamm), Seite 33: Malivan_Iuliia (Kranz), IvanHristov (Schmetterling), Seite 34: Eric Isselee (Ohrenkneifer), Augenstern (Ohrenkneiferhotel), Seite 36: Anastasiia Malinich (Sonnenblumen), Seite 37: Harry Wedzinga (Anzuchttöpfe), Seite 39: ThamKC (Wurmturm), Seite 42: Per Grunditz (Mittsommer), Seite 43: Ariane Ribbeck (Spatz), Alexander Raths (Gießkanne), Seite 44: Tsekhmister (Schwein), Seite 45: Anastasia Bulanova (Eidechse), Eric Isselee (Vogelkind), AvDe (Taube), Seite 46: D1min (Sonnensystem), Scisetti Alfio (Sonnenblume), Seite 47: iceink (Sonnenhut), Seite 48: MasterQ (Erbsen), Anastasiia Skorobogatova (Gurke), Seite 49: Olga Danylenko (Paprika), bajinda (Aprikose), Seite 50: Binh Thanh Bui (Bohnen), Seite 51: Ivanna Pavliuk (Nudeln), Seite 53: Natallia Ramanouskaya (Füße), amirage (Mandala), Seite 54: Photoongraphy (Tomaten), Seite 55: Sea Wave (Tomatensoße), Seite 56: Valery121283 (Beeren), Seite 57: Natallia_hap (Erdbeeren), Seite 58: Taj_Chi (Sieb), Valery121283 (Beeren), Seite 59: Floki (Hochbeet), Seite 61: Miriam Doerr Martin Frommherz (Samenbomben), Adwo (Singapur), Seite 62: Mirko Graul (Erdbeere), Tatyana Mi (Schnittlauch, Kapuzinerkresse), Digihelion (Tomate), CTatiana (Salat), Catherine_P (Bohnen), Igor Pushkarev (Dill), Siegi (Kohl), Seite 63: Lotus Images (Zuckerschoten), Seite 64: Nadezhda Kharitonova (Mittsommerbaum), Seite 65: Xmelar.R (Holunderblütensirup), Seite 66: Fitria Ramli (Schmetterling), Valentina Proskurina (Marienkäfer), Seite 67: BernadetteB (Trinkstelle), xpixel (Motte), Seite 68: Vilor (Kapuzinerkresse), TunedIn by Westend61 (Lakritz-Tagetes), Seite 69: Nataly Studio (Ringelblume), Seite 70: Carpentry (Pinsel), Seite 71: ikrolevetc (Palette), shansh23 (Malve), mraffon (Färberkamille), domnitsky (Ringelblume), Anastasiia Malinich (Mohn), Natali Zakharova (Spinat), Jiri Hera (Blaubeeren), Seite 74: Kovaleva_Ka (Weizen), David_Maddock (Dahlie), Alexandra Preston (Astern), Pavel Rozhkov (Chrysanthemen), Seite 75: M Kunz (Dahlienknollen), CeltStudio (Spinnweben), Seite 76: Ana Gram (Wildgänse), Giedriius (Eichhörnchen), Seite 77: Elena Sherengovskaya (Igel), JGade (Meise), Daniil Belosheikin (Kaninchen), Seite 78: grey_and (Apfel, Blumenkohl), Maks Narodenko (Birne), RUKSUȚAKARN studio (Pfirsich), Anna Kucherova (Quitte), bergamont (Weintraube), Tim UR (Walnüsse), Danny Smythe (Aubergine), Khumthong (Chicorée), JRP Studio (Fenchel), Artem Kutsenko (Kartoffeln), Sukanya Dluzak (Kürbis), Pan Stock (Möhre), paulista (Paprika), Nataly Studio (Pastinake), Valentina Razumova (Rote Bete), Olga Guchek (Rotkohl), Clari Massimiliano (Staudensellerie), Shawn Hempel (Wirsing), Kovaleva_Ka (Mais), Seite 79: Tim UR (Brokkoli), Nina Firsova (Grünkohlchips), Seite 81: Ann Pics (Kartoffeln), Seite 82: Yellowj (Kürbisse), Seite 83: asife (Kürbis), Seite 84: Miriam Doerr Martin Frommherz (Hexenring), Seite 85: Binh

Thanh Bui (Champignons), JIANG HONGYAN (Shiitakepilz), oksana2010 (Austernpilz), Seite 86: Elena Kuznetsova (Lavendelsäckchen), Seite 87: New Africa (Tulpenzwiebel), Seite 88: Brian Zanchi (Zapfen), Seite 89: matunka (Korb), Seite 90: Voodison328 (Vogel), Yeti studio (Walnuss), Seite 91: Zerbor (Walnussbaum), Seite 92: hsagencia (Regenwurm), Aggie 11 (Erde), Torsten Rempt (Kokons), Seite 93: Viachaslau Kraskouski (Weinbergschnecke), Cinnalistair (Terrarium), Seite 94: Angelus_Svetlana (Lüneburger Heide), Diana Taliun (Heidekraut), Seite 95: Miroslav Hlavko (Igel), Seite 96: akepong srichaichana (Äpfel), Serenko Natalia (Apfelernte), Seite 100: bzzup (Luciafest), Seite 101: Alexey Kljatov (Schneeflocke), Ondrej Prosicky (Fuchs), Seite 102: COULANGES (Siebenschläfer), Andrei Stepanov (Schneehase), Seite 103: irin-k (Marienkäfer), Seite 104: RiMa Photography (Sonnenblume), bergamont (Sonnenblumensamen), Greens and Blues (Kornblume), Ludmila Kapustkina (Kornblumensamen), Esich Elena (Ringelblume), shansh23 (Ringelblumensamen), Seite 105: sunakri (Blumen im Schnee), captureandcompose (Baumstamm), Seite 107: Radovan1 (Herbstlaub), Seite 108: Kaiskynet Studio (Rotkohl), JIANG HONGYAN (Chinakohl), Volosina (Feldsalat), Tompet (Taubnessel), Seite 109: KingTa (Möhren), Seite 111: aaltair (Zaunkönig), Photoongraphy (Rosinen), Michael Schroeder (Amsel), Scisetti Alfio (Beeren), Albert Beukhof (Rotkehlchen), Seite 112: Valkantina (Eiswürfel), 4Max (Schneeengel), Seite 113: nelea33 (Schokolade), Seite 114: Coatesy (Igel), Seite 115: pics of my life (Igel schlafend), Eric Isselee (Igelbaby), Seite 116: Oksana_Schmidt (Orangen), Seite 117: krstrbrt (Avocadopflanze), Nataliia K (Avocado), Seite 119: bonchan (Lussekatter), Seite 120: Andrew Angelov (Licht), Seite 121: Anastasiia Malinich (Weihnachtsstern), Seite 122: Irina Fischer (Klee), Nik Waller Productions (Bambus), Seite 123: Crepesoles (Knallbonbon)

© Antje Warnecke & Oliver Niekrenz: Seite 47 (Sonnenuhr), Seite 52 (Schwammbomben), Seite 81 (Kartoffel-Labyrinth)

© Steffi Korda: Seite 59 (Pflanzsteine), Seite 121 (Pompon-Zapfen)

Impressum

Edel Kids Books
Ein Verlag der Edel Verlagsgruppe
Mit freundlicher Genehmigung von Sven Nordqvist

Lizenz durch Edel Music & Entertainment GmbH, Hamburg · www.edel.com
1. Auflage 2022

Projektkoordination: Rebecca Hirsch
Konzept, Text und Lektorat: Steffi Korda, Büro für Kinder- & Erwachsenenliteratur, Hamburg
Layout und Umschlaggestaltung: Antje Warnecke, nordendesign.de
Druck und Bindung: optimal media GmbH, Röbel / Müritz

Die in diesem Buch enthaltenen Angaben sind mit größter Sorgfalt zusammengestellt und geprüft worden. Eine Garantie für die Richtigkeit der Angaben kann aber nicht gegeben werden.

Printed in Germany

ISBN 978-3-96129-249-3